U0041310

孟子

儒者的良心

ISBN 957-13-1237-1

原著者簡介

孟子

戰國鄒人，名軻，字子輿。受業子思之門，與萬章之徒，序詩書、述仲尼之意，作孟子七篇，後世尊為亞聖。

編撰者簡介

林鎮國

師大國文研究所碩士。
現任：私立文藻外語專科學校講師。
著作：「莊子轉俗成真的理論結構」、「保守主義」（合譯）。

致讀者書

親愛的朋友：

孟子其人是儒家的聖賢典型，其書是古今士子必讀的經典。因爲是聖賢典型，所以在浩浩的歷史長流中，往往被塑成距離之外的孤高形象，望之儼然，難以親近；此外，由於列爲科舉必讀經籍，過度的權威化也較易於僵滯其應有的活潑生機。這是今天的新生心靈在面對傳統智慧時首先要化解的障礙。至於如何克服古典語文的閱讀困難，那倒只是技術性的問題而已，並不難處理。

本書的改寫重編卽是針對上述問題而發，希望能夠引領青少年朋友走進古代智慧人物的心靈旅程，經歷一次思想王國的冒險。惟有跨越了時空的溝隙，祛除了對權威化人物所不必要的迷思，才能眞正去親近、了解、欣賞、讚美一個偉大的靈魂。

在重建孟子的新形象時，筆者特別注意下述的四項：

一、先將孟子還原到歷史上，尤其更要把握到，孟子是當時興起的游士集團領袖和傑出的思想家。只有先考察春秋戰國時代知識階層的興起，及其特有的性格與實際的活動，描繪出知識份子與現實層面之間的交涉情形，才可以清晰地凸顯出孟子的道德勇氣與抗議精神。這也是孟子爲中國知識份子傳統提供最寶貴的成素。

二、孟子的思想體系是以性善論爲基礎，發展爲內聖外王的理論——「外王」是指仁政理論，「內聖」則指「盡心知性知天，存心養性事天」的成聖工夫。但是，事實上孟子不是也不可能先建構一套體系的框框去發展他的思想，而是在其人生歷程的因緣境況上，呼應於具體的現實世界，提出他的哲學理念。這是有跡可尋的。本書卽以孟子的遊踪爲縱線，穿插一些思想專題，以全盤地展現其思想發展的軌跡與體系。這從本書的章節標題上就可以看得出。

三、整體而言，本書着力於刻劃孟子的人道主義與道德理想主義。這是孟子具體生命的顯發而不只是抽象僵硬而激越的浩然之氣，表現在孟子和梁惠王、齊宣王的對話中，或表現在對抗時流衆說的辯論中而已。

四、本書還在每節之後設計「思考時間」，試圖以當今的時代問題與切近的生命問題，引導讀者在這次的思想旅程上，駐足而思，而有所感應，有所啓發。這也是筆者素所強調的「理性的批判與認同」的實踐。

以上只略舉大端而已。總之，筆者希望這麼一部嚴肅的經典在改寫之後，能更具有生命的氣息和思想的激力。

最後需要一提的是，本書參考許多前人時賢之作，其中如胡毓寰的「孟子事蹟考略」，河洛影版的「孟子譯注」，金谷治的「孟子」、蔡孟光的「孟子的故事」、余英時的「中國知識階層史論」、徐復觀的「兩漢思想史」（卷一）等。由於本書並非學術專著，因此其他的參考書目與脚註，一概省略，掠美之處，謹在此表示由衷的謝意！

林鎮國

目錄

孟子

儒者的良心

原著者簡介 三
編撰者簡介 四
致讀者書 五
第一章　年輕的歲月 一
一、沒落的貴族 一
二、追隨儒家學派 九
三、不安的時代 一五
第二章　希望之旅 二五
一、初見梁惠王 二五
二、仁者無敵 三三
三、眞正的大丈夫 四一
第三章　齊國，旅程的第二站 五一
一、王道與霸道的對話 五一
二、人道主義的堅執 六三
三、民主思想的萌芽 七五

第四章　抗議的聲音 八五
一、浩然之氣 八五
二、可以革命嗎 九四
三、無窮的孝思 一〇一
第五章　道德的理想主義 一一一
一、齊人伐燕 一一一
二、撻伐戰爭販子 一二〇
三、土芥與寇讎 一二四
四、舍我其誰 一三三
第六章　人性的辯論 一四一
一、被遺忘的良知 一四一
二、人性本善嗎 一四六
三、尋回那迷失的本心 一五六
第七章　三度上路 一六五
一、知識份子的新形象 一六五
二、憂患意識 一七三
三、南遊宋國 一七八
四、倦遊歸鄉 一八六
第八章　聖人之道的守護者 一九七
一、面臨現實困境的乏力 一九七
三、漂泊的尾聲 二三五

二、予豈好辯哉 二〇五

第九章 歸於平淡 二二三

一、薪火的傳承 二二三

三、狂狷與鄉愿 二二六

二、聖賢典型的懷想 二二九

第十章 樂道的晚境 二四五

一、哲學的圓熟 二四五

三、智慧的遺痕 二五八

二、隨機立教 二五一

附錄 原典精選 二六五

第一章 年輕的歲月

大人者，不失其赤子之心者也。

——孟子離婁篇下

一、沒落的貴族

黃昏。

年輕的孟軻，稍稍整理好衣服，向後院裏的母親說了一聲，就出了門。這是他成了習慣的散步時間。

孟家的宅第顯得古老而破舊，但是和周遭的隣居比較起來，仍然留存着一絲兒的氣派。也許，這只是心理感覺罷了，然總不免浮印着那久已遠逝的榮耀記憶。

他悠閒地從一所學校旁邊經過，可以望見在參天古木下的簷角和窗口，幾個老人閒坐在樹下。童年啊，那確是一段快樂的時光。

再折向左邊的道路，大約走了一盞茶的時間，就可以看到兩旁低簷擁擠的店號的街道。這個地方，早上的時候是市集，熱鬧得很，一到了下午就冷淸了下來。孟軻若有所思地走過去，來到了城門。一列士兵正隊伍嚴整地行進，想是換防時刻吧。時局又有了新情勢。最近在朋友的交談中，總是熱烈地談論着國際大事，聽說秦國和魏國在元里這個地方發生了規模很大的戰爭，魏軍竭力抵抗，最後還是節節敗退，垮了下來，整個少梁的地方就這樣被佔領了。

孟軻和一位熟識的年輕軍官打了招呼，然後由石階登上了城牆。他喜歡到這裏來。城牆雖然不高，但已經够他遠眺沉思，開濶的鄉野，隨着城門的道路而伸展，塗抹上一塊一塊的樹林和村落。最後，他的眼光不經意地落在西邊的墳場崗子，那兒正籠罩在晚霞的餘照中。

那裏也曾經刻劃着童年的歲月。

西元前三七〇年左右，周烈王初年，也就是距今二千三百五十餘年前，孟子誕生在鄒（今山東鄒縣）這個地方。他父母為他取名「軻」。

孟家是魯國貴族孟孫氏的後代。孟孫氏是魯桓公之子，為三桓之一，掌有國家的大權。傳到後世以後，孟子這支派已經沒落了，因而遷居到鄒地。孟子便誕生在鄒地，成為鄒國人。

孟子的母親是位深明禮義，賢淑而有愛心的女性，她眼看孟家是沒落了，因此便全心全意地寄望在孟軻身上。從懷孕開始，即十分注意胎教，或坐或臥，或言或動，莫不小心翼翼。胎教，從古代傳了下來的說法，她是相信的。

當初，孟家位於城外的鄉間，旁邊有座墳場崗子。經常有喪葬的行列從門前經過，也常有人到墳場祭拜掃墓。年少的孟軻，聰明活潑，模仿力又強，便和隣居小孩一起玩葬禮掃墓的遊戲。

孟母知道了軻兒玩這種遊戲，心想：對一個小孩的人格成長而言，環境是多麼重要！近墨者黑，近朱者赤，可不能輕心啊！再待下去，軻兒都要成為野孩子了。搬進城吧，也許會好些。

於是，孟家搬進城裏。城裏也有它的環境特色，對年幼的孟軻來說，還是同樣充滿了新奇和好玩。離新居的不遠處是市場，每天早上人來人往，熱鬧異常，這是孟軻和隣居新朋友的玩處。

有一天，孟母看見軻兒和隣居小孩在扮買賣生意的遊戲，學着商人的口氣，吆喝叫賣，論價算錢，流露出一副世故的神情。孟母看在眼裏，心想，住在市集旁邊也不好啊！商人好利，是令人瞧不起的。若長久耳濡目染，怎麼可能培養出端正高潔的人格呢？

經過愼重的選擇和考慮，終於再搬到一所學校旁邊住下。學校的古老建築，寧靜而肅穆。平時，可以聽到學生們讀書朗誦的聲音，也可以看到師生一起練習禮儀的情形；一到春天和秋天的重要節日，還有隆重的鄉射典禮，可以觀看參加者優美的揖讓升降，和射箭的風度、雅樂的莊嚴。那全是合乎禮度的文化表現。小小年紀的孟軻覺得很有意思，也學起那些鄉賢長者的揖讓禮節，模仿學生的吟哦朗誦。

孟母看到這情形，便放了心，決定在學校旁久居下去。這就是後世所稱頌的故事——「孟母三遷」。

古代的時候，八歲入小學。等孟軻到了上學年齡，孟母便把他送到學校讀書。過了一段時候，孟軻的學習熱忱逐漸下降。坐在課堂上，腦子裏却想着外面自由的藍空，熱鬧的街道，和城外滿地翠綠的鄉野。讀書，似乎並沒有初時想的那樣有趣。

有一次，放學回家。孟母正坐在織布機前辛苦地織布，看見孟軻回來，就停下來，問道：

「今天學到那兒呢？」

孟軻懶洋洋地答道：

「還不是老樣子，眞沒意思！」

孟母聽了，心中一陣難過，想自己爲了這個兒子，付出了多少的心血，對他懷有多少的期望，如今竟不知讀書上進，太敎人傷心了。孟母也不說話，拿起剪刀，狠狠地把織布機上的紗線剪斷了。

孟軻看到這情形，着實吃了一驚，便問母親爲何這樣做。孟母說：

「你讀書無恒，中途而廢，就好像我剛才把紗線剪斷一樣，終成廢物。要你讀書求學，是希望你能進德修業，成爲仁人君子，豈能不用心？」

經過這次敎訓以後，孟軻從此發憤向學，不敢懈怠，爲將來的博學多聞，打下良好的基礎。這就是有名的——「孟母斷機」。

孟母不但注意孩子的教育環境，督促讀書的心志，就是平時的一言一行，無不以身作則，作爲孩子的榜樣。

有一天，年幼的孟軻看到東邊的鄰居在殺猪，就充滿好奇地跑回家，問道：

「隔壁家在殺猪，是要幹嘛？」

孟母正忙着家事，於是順口答道：

「是要請你吃的啊！」

話一出口，孟母便後悔了。她從肚子裏懷了這孩子以後，就相當注意胎教，總想盡心盡力去教養他。現在孩子開始懂事了，却在孩子面前說了不實的話，這不是教他「不信」嗎？想到這裏，孟母特地到隔壁家買回猪肉，燒給孩子吃。

這些都是屬於童年的故夢了。年輕的孟軻在城牆上遠眺沉思，想到過去，也想到最近的一件事情。天色暗了下來，孟軻順着來路往回走。

事情是這樣的：不久前，孟軻結了婚。有一天，匆匆忙忙的從外面回來，一推開房門，迎面看到妻子一個人在房裏盤坐着。孟軻看到了，大爲不高興，向母親說：

「我的妻子不懂禮節，我要和她離婚！」

「爲什麼？」孟母吃了一驚。

孟子就把他看到的情形說了一遍。於是孟母就問他：

「你在進去以前，有沒有敲敲門，或說一聲？」

「沒有。」

「那是你不懂禮節，怎麼能怪人家呢？禮書上不是說過：『將進大門時，要問有人在否；將上堂時，聲音要提高；將進房門時，眼睛要看底下。』這是說，要尊重別人的私事，不可令人措手不及，更不可因此而怪罪別人。現在，你進房之前，既沒有先敲門，也沒有問一聲，這還不是你的錯嗎？」

孟軻聽了，知道是自己不對，就認了錯，也平息了這場小小的「風波」。

孟軻的幼年故事，和孟母的教育態度，關係密切。由小知大，後來孟軻成爲萬世景仰的聖賢，稱爲「亞聖孟子」，可以說是得力於孟母的教誨啊！

【思考時間】

　　上面所講的童年故事，分別見於漢朝的「列女傳」和「韓詩外傳」二書，是否實有其事，倒很難說；不過，從漢朝起，就有很多人寧願相信其真，請問你是否相信？若相信，以現代人的眼光來看，孟母的教育方法合理嗎？帶給我們什麼啓示的意義呢？你認為，童年對人的一生有很大的影響嗎？

二、追隨儒家學派

孟子的時代，是一個游學風氣很盛的時代。當時，每一個有志氣，有抱負的青年，無不嚮往「布衣卿相」的榮耀；而想達到這目標，就得充實知識，訓練思考和表達的能力。爲了能親見到自己所尊敬的思想家，接受高度的文化薰陶，很多的年輕人離開家鄉，到遙遠的國度去追求知識。在這種時代風氣下，年輕的孟子也不免志氣昂揚，深懷憧憬，希望能到魯國一趟，眞正浸染在儒家文化的空氣中。

在家鄉的這些日子，雖然也是接受儒家的教育，熟悉孔子的教誨言論，但是，總覺得不够親切。到底儒家文化的發源地是在魯國，而那裏還一直保存着孔子的遺風；更重要的是，孔子學派的講學團體還在那兒，這才教年輕的孟子深切地渴望。

西元前四七九年，約孟子出生的一個世紀前，孔子去世。孔子生前已形成了龐大的講學團體，尤其在孔子周遊列國之後，有許多別國的人都慕名而來，聚在一起講學。孔子死後，葬在魯國城北的泗水邊。弟子們爲了感戴這位偉大老師的敎誨，由子貢提議，大家爲老師守三年的心喪，這個提議爲大家接受了。子貢在孔子的墳墓旁，搭蓋一間小房子，漸漸的，許多弟子們也都搬來住在孔子的墳墓旁，共有一百多家，形成一個村落，稱爲「孔里」。

三年的歲月很快就過去了，有些弟子要走的走了，有些就留下來。走了的弟子散遊諸侯，尋求實現理想的機會，有的成爲諸侯的師傅卿相，最有名的是子夏和子貢，有的成爲士大夫的幕僚，更多的在默默地從事傳道的教育事業。孔子的思想就這樣的傳播開來。

孔子曾說子貢有經商的才能，「不願做官，受到拘束，喜歡自己經營生意，而且每次預測商場行情都十不離九」。子貢就憑着他的才能，經商致富，在諸侯間來往，許多諸侯都和他有交情，據說還當過衞國的卿相，這就可以想像他的聲望和得意了。

和子貢不同類型的是原憲。原憲在孔子死後，隱居在偏僻的鄉間，住的茅屋簡陋不堪，然而他却不在意，只求修養自己的德行。有一天，大富大貴的子貢想起這位老朋友，就駕着豪華的馬車，後面跟着一批衣着華麗的僕從，聲勢浩蕩，來到原憲隱居的地方。由於門口的道路崎嶇狹隘，大型馬車進不去，子貢只好下車走過去。這時，原憲穿着破舊的衣服站在門口迎接，大概是營養不良吧，臉色蒼白憔悴。子貢見了問道：

「您難道是生病了嗎？」

原憲說：

「我聽說，物質生活不好的叫做『貧』，讀書學道而不能實踐的才叫做『病』。像我這樣，只是『貧』而不是『病』啊！」

子貢聽出話中有話，覺得很不是味道，因而稍再寒暄一下就走了。

當時，眞正傳續孔子之道的弟子，首先要算子夏。子夏比孔子少四十四歲，孔子對他的期望很高，曾經說：「你要成爲君子儒，不可以成爲小人儒。」

子夏在孔子死後，回到西河教書傳道，頗享盛譽。當時，魏文侯爲了富國强兵，廣招賢才，曾就子夏請教五經六藝之學，執弟子禮，甚爲恭敬。子夏的學問很好，特別是孔子學派所注重的詩經、易經、春秋、禮經，都卓然成家，對於儒家學說的傳授發揚方面，也很有功勞，更重要的是，他把孔子的思想傳播到魏國去了。

子夏被稱爲「傳經」之儒，另一個重要的孔子學生，就是稱爲「傳道」之儒的曾子。曾子在孔子死後仍留在魯國，繼續孔子的講學事業。

曾子特別强調「孝道」，在他臨終病危的時候，便把弟子叫到床前來，說：「掀開被子看看我的脚吧，看看我的手吧！詩經上說：『小心謹愼啊，好比走近深淵邊，好比踩在薄冰上！』從今以後，我知道可以不必這麼小心翼翼了。」身體是父母生的，都得謹愼愛惜，更何況在做人修養上，豈能做出玷辱父母名譽的事情呢？曾子把他的思想學問傳給孔子的孫子——子思。相傳「四書」之一的「中庸」就是子思作的。

當年輕的孟子遊學到魯國時，子思已經去世了，因而受教於子思的門人。就這樣，孟子懷着求知問道的熱情和朝氣，居住在這個文化氣息極爲濃厚的孔子家鄉，努力地在道德學問上求進步。

孟子在鄒地的時候，雖然也讀孔子學派的教材，接受儒家思想的薰陶，但是那到底是隔了一層，還不十分親切。等到來了魯國，不但能看到許多有關孔子言行的記錄，甚至是孔子的手稿，都可以接觸到。孔子以前居住講學的地方都保存下來，陳列他的衣冠、車輿、禮器、書籍等遺物。睹物思人，年輕的孟子把以前所研讀的孔子論融合到目前的處境，使他以前所不能了解的，現在一下子明白了，以前覺得疑惑的，現在也豁然開朗了。

在春天和秋天的季節，這些儒家學派的儒生便在孔子的祠堂裏舉行祭祀大典，一幕一幕的禮儀程序進行着，表現出優美的文化氣氛。年輕的孟子在這最好的學習機會裏，深受感動。他想：

「雖然，我無法直接當孔子門下的學生，但是從他的傳人身上，我也等於間接以孔子爲師啊！」

又說：

「聖人眞是百世的老師啊！他雖是生於百世以前，而百世以後的人受到影響，無不奮發興起，效法聖人的典型！」

就像草木受到雨水的滋潤，孟子讚美着：

「從有人類以來，不曾有過像孔子這麼偉大的人！」這個時候，孟子眞正明白了他所要走的路，明白了他所要追隨的人了。

【思考時間】

二十世紀是個「知識爆炸」的時代，也是「遊學」風氣很盛的時代，如為人所熟知的「留學」，就是這種現象之一。請問，這和孟子時代的遊學是否相同？那些地方相同？有沒有不同之處？若有，又是那些地方不同？舉例來說，現代人對「讀書」的態度和孟子時代是否有何不同？

你是否也像孟子一樣，有個令你讚美追隨的人物呢？

三、不安的時代

孟子在心中深深受到孔子人格的感召，決心追隨孔子，繼續他的理想志業。因此，孟子除了研讀儒家的經典，熟習儒家的禮儀之外，還面對整個時代的困境，思索求解決那個時代的痛苦和罪惡的辦法！

孟子的時代，一般稱爲「戰國時代」。根據「資治通鑑」的說法，周威烈王二十三年（西元前四〇三年），周王室初命晉大夫魏斯、趙籍、韓虔爲諸侯，史稱「三家分晉」，就是戰國時代的開始。

這時候，封建制度的束縛已經逐漸解除，大一統的專制政治則還沒成形；戰國七雄的競爭十分激烈，而人類各種智能的活動，也得到嘗試與鼓勵。這是一個大自由、大開放，民族的生命力得到空前發展的時代。在此開放而未定的時代中，靜態的封建社會和觀念，逐漸消失於時代激流中，因而出現了空前的新觀念和新局面。

這個時代有幾項特徵：

㈠戰爭的殘酷慘烈

從春秋時代起，戰爭的規模已經逐漸變大，戰爭的次數也日益頻繁。據史書上的記載，秦晉互相攻伐之戰有十八次，晉楚大戰有三次，吳楚相攻有二十三次，吳越相攻有八次，齊魯相攻有三十四次，宋鄭交兵也有三十九次。這實在是驚人的戰爭數字！

舉例來看，周定王十三年，楚莊公率軍圍攻宋國，兩方的持久堅持，使人力和後勤補給的耗費很厲害。楚軍只剩下七天的糧食而已，若再攻打不下來，也只好棄之而去。宋國呢，情況更糟，已經到了「易子而食，析骸而炊」的艱苦地步。想想看，戰爭使得人們爲了求生存，竟然交換宰殺自己的小孩來充飢，把死人的骨骸拿來當柴燒。這種人間地獄的景象，多可怕啊！

史記上也記載著：春秋時代，臣子弒君的有三十六件，亡國的有五十二件，諸侯逃亡出國的，那就多得不可勝數了。顯然的，當時的政治權力中心——周王室，已經漸漸失去統治的威信了。諸侯之間，強凌弱，大欺小，各自爲政，互相攻伐。這種情形，到了孟子的時代就更加嚴重了。

至今爲人所樂道的孫臏、龐涓的鬪法故事，就是發生在孟子所處的戰國時代。故事固是極其曲折，實則這是魏國伐韓，而齊國救韓破魏的一場戰爭，而這類的戰爭在當時已經是司空見慣的。

人類的錯亂、殘酷、無理、哀憐、痛苦，全都表現在戰爭上。凝視著戰爭，孟子心中湧動著人道主義的精神；因此，他才以大無畏的道德勇氣，站起來指責這些挑撥尋釁的野心家：

「那些野心家爲了個人利益的打算，爲了擴張領土，到處發動戰爭，使戰死的人堆滿了廣濶的原野和城池，這眞是率領土地來吃人肉啊，這種人罪不容死。所以，最會作戰的人，應該處以極刑；那些連結諸侯，唆使戰爭的策士，罪減一等；而那些爲國君墾荒闢地，使國君有能力去戰爭的人，再減罪一等。」

孟子所以會發出這麼沉痛的呼籲，就是因爲他親身經歷了戰爭激烈的時代。若想要了解，爲什麼孟子會堅持儒家的王道政治思想，會落落寡合，不爲當時的諸侯所用，就得先了解孟子所處的戰爭時代。

(二)工商業的急速發展

工業與商業發展的關係是十分密切的。工業是指工具器械的製造，在春秋戰國之際，已經逐漸由銅器過渡到鐵器。這是工業史上的一大進步。當時冶鐵的技術，已經由「固體還原法」進步到「高溫液體還原法」，這是令人驚奇的技術革命，影響當時的農業、商業、政治的型態很大。

冶鐵技術的進步，使農耕鐵器和牛耕的應用開始擴大；這便提高了生產的能力，促進了商業的發展。商業的發展，到了春秋末期已經十分發達了。當時的大企業家，除了孔子的學生子貢外，其他還有幫助勾踐復國的范蠡。范蠡在幫助越王復仇成功之後，急流勇退，乘船浮於江湖，改名換姓，最後到了齊國，在「陶」這個地方落脚，人家稱他爲「朱公」。朱公認爲陶的地理位置很好，四通八達，適合於貿易，於是投資做生意，終於成爲大富商。

趙國的國都邯鄲，有一位企業家郭縱從事冶鐵工業，他的財富可以和當時的諸侯相比。當時，因經商致富而提高身份地位的情形已經十分普遍了。這表示當時的商業發展，在政治勢力之外，產生了新的經濟勢力，而使當時的社會更複雜，習俗和風氣也因而改變了。

㈢遊士集團的出現

本來，「士」是封建制度中統治階級的基層，擁有知識、戰鬪和行政的能力。

到了春秋中葉以後，封建制度逐漸瓦解，許多貴族逐漸沒落，加上當時諸侯君主的求才需要，於是形成了流動性很强的「遊士集團」。這首先在孔子身上可以看得出來的。在孔子週遭，經常聚集一羣知識份子，從事知識教育的活動，也試著找尋從政的機會，來實現平時所講求的理想和能力。孔子帶領學生周遊列國，正是遊士集團的性格。

到了戰國時代，遊士集團的活動更加活躍。孔子死了以後，儒家分化爲很多集團。其他，墨子所形成的集團也非常龐大。舉例來說，當時的發明家公輸般爲楚國造了攻城的雲梯，楚王於是興緻勃勃，想要攻打宋國，來試用一下新發明的攻城利器。墨子聽了，連日趕到楚國，想設法制止這場戰爭。經過了辯論無效後，楚王要墨子和公輸般現場表演攻防的演習，結果公輸般用了九種攻城的方法，却都失敗了，而墨子的守禦能力還很强大。公輸般沒辦法，就說：「我已經有了對付你的方法，只是我不能說。」墨子也說：「我知道你要對付我的法子，我也不說。」楚王在旁邊聽了深感不解，這時墨子才說：「公輸先生的辦法，是要殺了我，就沒有人可以防禦他的攻城利器了。其實，我早已安排好我的弟子禽滑釐等三百人，拿著守城的武器，在宋國城上等著你們了。就算你們殺了我，也無濟於事。」到此，楚王才打消攻宋的主意。從這個故事，可以看出當時墨子的遊士集團具有組織、紀律，也有很強的戰鬥能力。墨子死後，墨家集團分化爲三，但都保有嚴密的組織。

除此之外，像縱橫家蘇秦、張儀等，也各有遊說集團。若純粹是政治性的集團，則戰國四公子——孟嘗君、平原君、信陵君、春申君，最爲有名，他們蓄養的食客，動輒數千人，品類複雜，但無非是作爲政治活動的資本。

孟子生在這個時代，自然也不能免於時代風氣的影響。當孟子開始周遊列國時，「後車數十乘，從者數百人」，也是龐大的遊士集團。只是，每一個遊士集團都各有其風格特徵，有的只是追求現實上的利益，有的則追求理想的實現，不能一概而論。孟子帶領的遊士集團，是要實現王道仁政的理想，很明顯的獨樹一幟。

(四)百家爭鳴

時代變了，周天子不再握有最高的統治權力，諸侯紛紛謀求富國强兵，所以春秋有五霸，而到了戰國七雄，彼此的攻伐更是頻繁，每個國家都銳意於政治革新，上則可以擴充領土，下則可以自保生存。加上工商業的進步，交通的發達，知識的開放，以及遊士集團的大規模興起，使得當時的思想界百花怒放，爭奇鬭艷，在人類文明史上留下光輝的一頁。

最早出現，也最主要的思想派別是儒家、道家、墨家和法家。儒家始於孔子，追溯堯舜文武周公的傳統，提倡仁義，推行教化，希望透過道德修養，進而治國平天下，可以說是道德的理想主義。

和孔子大約同時的有道家。道家始於老子，到了孟子的時候，又有楊朱和莊子。曾經譏笑過孔子的隱者荷蓧丈人、長沮、桀溺，也可以算是隱居型的道家人物。

道家和儒家不同，他們對世界採取「保持距離，以策安全」的態度，強調「自然」，主張「無爲」，追求自由和解放，厭惡干涉和壓制。

莊子講過一個大鵬鳥的寓言。大鵬鳥原是小鯤魚變的，背部有幾千里之大，翅膀一展，就像是遮蓋大半天邊的雲。當牠要飛到南方時，兩翅拍打著海水，水花濺起了三千里高，像一陣旋風似的直上九萬里的高空，飛向南方。大鵬鳥的高飛逍遙，就是道家所嚮往的境界。

除了儒家和道家，比孔子稍後的有墨家。儒家和墨家在當時是最顯赫吃香的學派，號稱「顯學」。墨家創始於墨子，主張「兼愛」，消除人與人之間的等差，愛別人的父母，就像愛自己的父母一樣。墨子也是最熱心的和平主義者，反對戰爭。

此外，墨子還相信具有意志的上天和鬼神，這是和儒家不同的。墨子也反對儒家的喪葬舖張和禮樂儀式，一切講求節儉和刻苦。墨家可以說是充滿苦行精神的救世主義者。

至於法家，更是與現實政治結合的一股大勢力。春秋時，昭公六年（西元前五三六年）三月，鄭人鑄造刑書；二十九年多，晉人鑄造刑鼎；這是時代轉變的大標誌，表示「禮」的力量已經無法維持社會的秩序，而要求於「法」的力量。到了戰國，在孟子之前，法家李悝相魏文侯，富國强兵。從這裏才可以了解，爲什麼梁惠王遇到孟子的第一句話就問道：「何以利吾國？」和孟子同時的法家有愼到、商鞅，尤其是商鞅變法，使他成爲改變歷史的人物。最後集法家之大成的是韓非子，已經是在戰國末年了。

法家多半站在統治者的立場，追求富强的現實利益，因而破壞已經逐漸崩潰的封建制度，建立以君權爲中心的專制政治。大致而言，法家都十分强調對人民的控制，及嚴刑峻罰的統治手段。並且主張廢除井田制度，開闢土地，以增加生產。人民的責任，除了耕作外，就是作戰。在這種思想下，道德文化是沒有地位的。

儒、道、墨、法四家之外，還有從事外交遊說的縱橫家，專門研究論辯邏輯的名家，主張君民同耕的農家，以及研究天文曆數的陰陽家等等，可以說是百家爭鳴，思想上大解放、大豐收的時代。

總之，整個看來，這是一個新舊交替，變動不安的時代。在這樣的時代裏，有人迷惑無主，有人只顧現實，也有人堅持原則，高倡理想。每個人的思想互不相同，但是，每個人都有思考和表達的自由。這就是孟子的時代！

【思考時間】

1. 你是否想過，古代中國也有科學和工業的發展？或認為三千年前的中國歷史只是靜態的延續而已？我們常以「農業社會」來概括傳統社會，這是完全正確嗎？

2. 時代和社會對一個人的思想形成有什麼影響呢？讀到後面時，再回想一下這個問題。

第二章 希望之旅

王何必曰利，亦有仁義而已矣！

——孟子梁惠王篇上

一、初見梁惠王

孟子從年輕時代開始，即師法孔子，以儒家的使徒自居，希望有一天能實現儒家的仁道理想。他一方面學習儒家的經典知識，另一方面也關懷他的時代社會，思考實際的問題。

時間過得很快，孟子學成以後，開始講學授徒，將他宗奉的文化理想繼續傳遞下去，同時也等待著可以實現理想的機會。當時，「學而優則仕」，是所有知識份子的出路，只有獲得當政者的任用，才有一展抱負的可能。孟子曾說：

「不得意的時候，就修養自己的品德，充實自己的學問；要是有了作爲的機會，那就要使天下的人都能領受到福祉！」

可是，問題在於如何獲得做官的機會？可以不擇手段地鑽營嗎？可以無恥的推銷自己嗎？不，這是要有原則的。有一次，孟子的弟子陳臻就問說：

「古時的君子，要怎樣才肯出來做官？」

孟子答道：

「能夠就任的情況有三種，必須辭職的情況也有三種。若是國君十分恭敬有禮的來迎接他，並且也很有誠意要採用他的意見，那麼就可以出來做官。就任以後，雖然待他還算有禮貌，但是不能採用意見，那麼就該走了。次一等的，雖然不能採用他的意見，但是待他仍然恭敬有禮，那麼還可以就任；若連禮貌都少了，就得辭職。最下一等的是，當窮困到早飯晚飯都沒得吃，已經餓得出不了門時，國君聽說到這種情形，說：『我既不能實行他的理想，也不能採用他的意見，使他在我的國境裏淪落到這種地步，我覺得很羞恥。』於是便派人去接濟他，若是這樣，也可以接受，因爲要圖個活命啊！」

要出來做一番事業，先要看當政者是否「恭敬有禮」，「具有誠意」；當然，更重要的是，當政者是否有賞識賢能的眼光。而這一點是無法强求的。所以，孟子在學成以後的一段漫長歲月裏，只是在讀書修身，授徒講學之中寂寂地等待！

在等待的歲月中，列國的局勢又有了新的變化。

西元前三四一年，孟子年三十二歲左右。魏國伐韓，韓國向齊國告急。齊國採用孫臏的戰略，攻魏國以救韓，魏國則以龐涓爲將，以太子申爲上將軍，率領大軍在馬陵大會戰。結果魏軍大敗，太子申被俘，龐涓戰死。

第二年，魏國就從安邑遷都到大梁。

西元前三三五年，孟子三十八歲，魏侯瑩稱王，就是魏惠王。這時候，周王室已經全然喪失中央的威信了。

西元前三三〇年，孟子四十三歲左右。秦國在雕陰這個地方，大敗魏軍，又圍戰焦和曲沃兩地，魏國無奈，把河西割給秦國。

隔了二年，秦國不斷侵略魏國，先取汾陰、皮氏、焦三地，秦公子桑又兵圍魏國的蒲陽，魏國只好又獻出上郡之地。這一年，張儀相秦。

西元前三二二年，秦國免去張儀的相位，張儀改而相魏。

西元前三二一年，齊封田嬰於薛。同年，齊威王薨。這年孟子已經五十二歲左右了。

從年輕時代步入中年，又渡過了漫長的中年階段，孟子依然等待着。在等待的歲月裏，長久的思考和歷練，更加堅定了他對仁道的理想。可是，是否能遇到實現理想的機會呢？却是毫無把握。他想到古代的賢人伯夷和柳下惠的處世原則：

「伯夷這個人，對於他所不喜歡的國君絕不事奉，所不喜歡的朋友絕不結交；不肯在惡人的朝廷上做官，也不肯和惡人打交道；他認爲和惡人同流合汚，就好像穿戴了上朝的禮服禮帽，坐在骯髒的爛泥黑炭上一樣。因這種潔身自愛，憎惡壞人的心理，使他有時和一個穿着不整的人站在一起，就好像生怕被玷汚似的，頭也不回地離開而去。所以，有的諸侯雖然把話說得委婉動聽，來請他做官，他都不肯接受；所以不肯接受的原因，是不願意委曲自己去同流合汚。

柳下惠這個人就不一樣。他不覺得事奉腐敗的國君是件羞恥的事，也不會因爲官位太低而覺得卑下。旣做了官，就毫不隱藏自己的才能，而且堅持他的理想原則來做事。就是當政者沒有發現他的才能，也不怨恨；遭遇到困阨的處境，也不憂愁。所以他曾說：『你是你，我是我，卽使你露臂赤身地站在我的身邊，那能玷汚我呢？』」因此，他和別人相處，悠然自得，不會失去自己的操守原則。當他要辭退的時候，如果有人挽留他，他就留下，不會矯情矜持。」

對於伯夷和柳下惠這兩個人，孟子批評道：

「伯夷因爲太潔身自愛，顯得器量狹窄；而柳下惠因爲看得太透了，有時又太世故了些。這兩種處世態度都有所偏差，君子是不取的。」

顯然，孟子既不願意像伯夷那樣淸高自賞，也不願意像柳下惠那樣無所不可，他只盼望著適當機會的來臨。

機會終於來臨了。西元前三二〇年，魏惠王因爲在軍事上連續失利，敗於齊、秦，於是想奮發圖强，振作一番。就在這一年，向列國發出求賢的呼聲，以優厚的待遇，隆重的禮節，來招納賢能。

當孟子聽到魏惠王的求賢呼聲，認爲這是一個實現理想的機會，因此他決心到魏國一趟。

西元前三二〇年，也就是孟子五十三歲左右這一年，來到魏國的國都大梁（即今天的開封）。這時因魏惠王求賢呼聲而前來的還有陰陽家鄒衍ㄧㄢˇ，縱橫家淳于髡ㄎㄨㄣ等人。

孟子到了大梁後，便前往進見梁惠王（卽是魏惠王）。惠王一見孟子，便問道：

「老先生，您不遠千里而來，是不是有什麼辦法使我的國家獲得利益呢？」

梁惠王招納賢者，一心只想到富國强兵的願望。他希望這些前來魏國的賢能之士，能提供智慧策略，以滿足他的意願。孟子並非不知道這一點，可是孟子正面提出了他蓄積已久的理想言論，答道：

「陛下！您爲什麼一開口就提到『利益』呢？治國爲政，只要以『仁義』爲根本，就可以解決所有的問題了。」

「假如君王說：『怎樣才對我的國家有利？』底下的卿大夫也說：『怎樣才對我的封地有利呢？』甚至一般的士人和老百姓也都說：『怎樣才對我本人有利呢？』這樣，上上下下都只追求自己的利益，國家就危險了。」

「在擁有萬輛兵車的大國裏，殺掉國君的，一定是擁有千輛兵車的大夫；而在擁有千輛兵車的國家裏，殺掉國君的，一定是擁有百輛兵車的大夫。在萬輛兵車的國家裏，大夫就擁有兵車千輛；而在兵車千輛的國家裏，大夫就擁有兵車百輛；這樣的比例可以說是很大了。假如大夫擁有這麼大的勢力，又只重自己的私利，不顧到仁義道德，那麼必然導致臣下對君主的非分之想，因此，若不把整個國家奪過來是不會滿足的。」

「反過來說，從沒有行『仁』而遺棄父母的人，也沒有行『義』而不顧君上的人。你只要仁義就好了，何必口口聲聲講求利益呢？」

孟子開宗明義就標明他的立場。一般人對事對人的態度都是功利的，因此凡事都先問道：「這有什麼用處呢？這有什麼利益呢？」孟子針對社會的流行心態，首先便撥開發問的方向，使人們的心靈不要老是糾結在利益計較的漩渦裏。而且，他進一步指出，所有的混亂、爭執、罪惡和痛苦，其實都是導源於人類毫無止境的好利之心；惟有把好利之心轉化掉，恢復人類本性中原有的仁義之心，使人們再度有了澄澈清明的心靈，這個世界才能恢復和諧的秩序。在孟子的思想裏，眞正值得關心的是生存權利的保障，是安居樂業的追求，是道德水平的提高。這就是他把「義」和「利」的價值予以對舉的眞義。

在孟子初見梁惠王的這一番對話裏，已經充分顯現出孟子高峻挺立的形象，以及他那道德理想主義的基本立場。至於梁惠王能否接納孟子的思想呢？兩人能否相互契合呢？這就要看以後的發展了。

【思考時間】

1.當你考慮做一件事情時，是否也會自問道：「這有什麼用呢？」除了現實上的功利考慮外，是否還考慮到其他的因素，像興趣或道德原則？

2.你會不會覺得孟子回答梁惠王的那一番話，有一點迂濶不切實際，梁惠王追求富國強兵的願望是不對嗎？「利」和「義」果然是互相衝突，不能並存嗎？

二、仁者無敵

孟子第一次見梁惠王卽高舉「義利之辨」，梁惠王並沒有表示同意，但也沒有表示厭煩，所以隔了不久，孟子又有了機會去謁見惠王。這時候，惠王正好站在宮廷園囿裏的池塘邊，一面觀賞着園中的鴻雁麋鹿等鳥獸，一面對孟子說：

「賢者也會享受園囿的快樂嗎？」

顯然，梁惠王在試探着表情嚴肅的孟子，看他怎麼答覆這個問題。孟子答道：

「惟有賢德的國君才能眞正享受這種園囿之樂，而那不賢的人，雖然有了園囿也樂不成啊！詩經上說：

開始築靈臺
旣已丈量啊

又立表標位
百姓盡力做
很快就落成
王說不用急
百姓更賣力
王到靈囿中
母鹿正安逸
麀鹿肥又壯
白鳥羽毛潔
王在靈沼邊
池魚活跳躍

文王雖然也徵用百姓來修建宮殿園囿，可是百姓卻很樂意，稱他的臺叫『靈臺』，池叫『靈沼』，並且高興他有麋鹿魚鼈可以玩賞。這是因爲古代的賢君能和百姓同樂，所以自己也能享樂。至於夏桀卻正好相反。百姓怨恨他，他卻自比爲太陽，說太陽什麼時候消滅，他才會死亡。書經湯誓上便記載着百姓的痛恨：『太陽啊，幾時會毀滅？我寧願和你同歸於盡！』像桀紂這種國君，老百姓都恨不得一起拼了，就算是有了臺池鳥獸，難道能安然獨自享樂嗎？」

很清楚的，孟子一步步地想把惠王引導到「與民同樂」的思想裏。假如孟子一心只想做大官，討好國君，那麼，他會講這些令國君聽來不痛快的話嗎？孟子明知這些話並不能討人歡心，但他一想到老百姓在戰爭和饑荒下的煎熬呻吟，就感到義不容辭，有責任替百姓站起來講話。這就是道德勇氣！就是仁心的具體表現！

惠王聽了，倒不以爲忤，而且順着這個機會，表示自己對於百姓的關心。他說：

「我對於國家，已經十分盡心了。如果河內這個地方發生饑荒，我便把那裏一部分百姓移民到河東，而且把河東的糧食運到河內救濟。如果河東這個地方發生饑荒，也是用同樣的辦法。我曾留意過鄰國的政治，沒有像我這樣用心的。可是，那些國家的百姓並沒因此而減少，我的百姓也沒因我的用心而增加，這是什麼緣故呢？」

孟子回答說：

「陛下喜歡戰爭，那麼就用戰爭來比喻吧！戰鼓咚咚作響，兩軍相遇，兵刄相接，就拋下盔甲，倒拖兵器往回跑。有的人一口氣跑了一百步才停下來，有的人跑了五十步就停下來。結果，那些向後逃跑五十步的士兵竟譏笑那些逃跑一百步的士兵。陛下，您覺得這有沒有道理？」

惠王說：「不行。他雖然沒逃跑一百步，但是逃跑五十步也是逃跑啊！」

孟子接着說：

「陛下如果懂得這個道理，那麼就不要希望你的百姓比鄰國還多了。」

孟子知道，當時國君的願望就是富國强兵，而達到富國强兵的主要人力資源就是老百姓，尤其是農民。平時，農民可以從事生產工作，增加國家財富，蓄積戰爭的財源；而到了戰時，這些農民便可以開上戰場。所以，梁惠王用心於增加人口，目的就在於此。這一點，孟子看得很清楚的。他要改變當政者的私心，但又不能講得太露骨，所以常運用譬喻。孟子拿戰爭來比喻，卽含有諷刺的意味。他說，梁惠王其實是和其他國家的諸侯沒有兩樣，不過是五十步笑百步罷了，並不能眞爲百姓着想。

孟子接着就把他理想中的政治原則提出來：

「如果能够不在農事季節妨害農民耕種收穫的工作，那麼糧食便吃不完了；如果不用太密的魚網到池沼裏去網魚，那麼魚鼈就吃不完了；如果按照適當的時節去砍伐林木，那麼木材也就用不完了。像這些民生日用的資源充裕有餘的話，就能使百姓在養生送死的基本生活水平上獲得滿足。而使老百姓能滿足養生送死的基本需求，這就是王道的開端。

「在五畝大的宅園中，種植桑樹，那麼五十歲以上的人就可以穿絲織品了；鼓勵百姓畜養鷄鴨猪狗，那麼七十歲以上的人就都可以有肉類吃了；每一家庭擁有一百畝田地，能够安心耕種，不受妨害，那麼一家數口就可以溫飽了。接着就要好好辦些學校，推廣教育，教導孝順父母友愛弟兄的道理，那麼，社會風氣就會變得淳樸善良，看不到頭髮斑白的老人家還在道路上背負重擔，不得休息。七十歲的老人家都能衣食無缺，生活飽暖，而一般的老百姓也都有吃有穿，不饑不寒，如果這樣還不能使天下歸服，那是從來不曾有過的事。」

說到這裏，孟子微微一停，望着惠王，又說：

「現在的情況却是如此：在上位者所蓄養的猪狗比百姓吃得還好，生活水平相差如此懸殊而不知解決。遇有荒年，路上到處躺着餓死的人，却不知去救濟。老百姓饑寒而死，却說：『這不是我的罪過，實在是年成不好的緣故。』這和拿着刀子殺人，却說不是他殺的，是刀子殺的，有什麼不同呢？所以啊，請陛下不要把人口不增加這件事情歸罪於年成不好，而應該從根本來改革政治，保障人民生活，如此一來，全天下的人都會來投奔陛下了。」

梁惠王似乎有一點為之動容，於是恭敬地說：

「我十分願意接受您的指教。」

孟子又再舉一個比喻問道：

「用木棒打死人和用刀子殺死人，有沒有差別？」

「沒什麼兩樣。」惠王答道。

「那麼，拿刀子殺人和用政治害死人，又有什麼差別？」

「也沒有差別。」

孟子接着說：

「好，既然沒有分別。那麼，宮廷裏的廚房有上肉，馬廐裏有壯馬；老百姓呢，却面有饑色，野外也到處可看到餓死的人。這簡直是當政者率領野獸來吃人啊！獸類自相殘殺，人們尚且憎惡；當政者為民父母，却不免於率獸而食人，那怎麼能够當作百姓的父母呢？仲尼說過：『第一個造作木偶來陪葬的人，應該斷子絕孫啊！』爲什麼孔子會說這樣的話呢？就是因爲用來陪葬的木偶太像人類了。用像人的木偶來殉葬，都已經不仁了，更何況使百姓活活餓死呢？」

孟子以尖銳的語氣，毫不留情地譴責當時的執政者，義正辭嚴，令人肅然起敬。「殺人以政」，「率獸食人」，正是政治野心家的寫照，倘沒有像孟子這種富於道德勇氣的知識份子站起來嚴辭譴責，那些廣大的無知羣衆，備受欺凌壓迫，還會有什麼人來爲他們說話呢？在這裏，孟子又充分表現了「人道主義」的精神。

再有一次，惠王又召見孟子。顯然，惠王的內心依舊爲國際間的現實政治所苦惱。也許，他並不是不能同意孟子的仁政立場，但是，爲了在冷酷競爭的國際間求生存，尤其是魏國夾在秦、楚、齊三大超級强國之間，眼看着侵逼日甚，年紀老邁的梁惠王困心焦慮，不惜厚幣卑禮，延請天下賢者，就是希望能解決他的現實難題。這一次，梁惠王很明白地把內心的想法表示出來：

「在以前，我國是天下最强盛的國家，這是您所知道的。但是，到了我這一代，東邊敗於齊國，連我的長子都戰死了；西邊又敗給秦國，被侵佔了河西的七百里地；南邊也因和楚國一戰，敗於襄陵，失掉了八座城池。這都是令我寢食難安的奇恥大辱，無時無刻不想爲戰死者雪恥復仇。您要是了解我的心情，替我想一想，該怎麼辦才好？」

孟子說：

「只要有方百里的地方，實行仁政，就可以使天下臣服，何況魏國是大國呢？假如陛下實行仁政，放寬刑罰，減輕賦稅；使老百姓能夠專心於農業生產，利用農暇的時候，教導年輕人，使他們懂得如何孝順父母，友愛弟兄，接人待物，盡心誠信。像這樣，老百姓生活安定，教養良好，自然會熱愛家國。因此，就算是拿着木棒，也可以痛擊那些强國的堅甲利兵了。」

「陛下或許會以爲我所說的不切實際，其實不然。那些秦楚大國，時時動員，時時擴張。他們的人民隨時待命出征，那能好好從事生產，以養活父母？父母在家凍餓，妻離子散，兄弟也各分東西，這些百姓能不怨恨？秦楚大國正使他們的百姓陷在痛苦的深淵裏，陛下實行仁政去討伐他們，有那個國家能夠抵抗呢？所以說：『仁者無敵』，請陛下堅定仁政的信念！」

「仁者無敵」，是孟子所堅信的政治理念。有人批評孟子的想法，太過於迂濶而不切實際，其實，孟子何嘗不知道現實上的種種艱困，何嘗不知道這種想法是不易獲得共鳴的；只是他知道得更清楚，凡事要是只順着現實的需求去做，只投合一般人的想法，這個世界只會日趨野蠻，而人類的前途也就愈演愈暗淡了。因此，孟子並不是故意自鳴清高，而是在關心人類，關心文明之下，眼看舉世滔滔，便不自禁地產生對抗現實，堅持理想的勇氣。

以道德作爲政治的指導原則，是孟子一生所堅持的。問題是，在現實的政治環境裏，當政者會接受他這種思想嗎？

【思考時間】

你是否也認為在當時的局勢下，孟子的仁政理論太迂濶而不切實際？抑是認為在人類的政治思想史上，孟子的仁政論永遠都發射出理想的光輝？

三、眞正的大丈夫

孟子在魏國時，是以賓客的身份和梁惠王交往，並沒有接受爵祿。孟子對於任官一事，並不像當時許多遊士的熱中鑽營，是謹愼而有原則的。那時侯，魏國人周霄就問孟子說：

「古代的君子出去做官嗎？」

「出去做官的。」孟子說：「古書上記載：『孔子如果賦閒三個月，就顯出一副遑遑不安的樣子。到國外去，一定帶着謁見國君的禮物，希望謀得官職。』魯國賢人公明儀也說：『古時候的人，如果賦閒三個月，就要去慰問他。』」

周霄說：「賦閒三個月就得去慰問，不是太急切了嗎？」

孟子說：

「讀書人失去官位，就和諸侯失去國家一樣啊！」

周霄又問說：

「爲什麼孔子到國外去要帶着謁見國君的禮物呢？」

孟子說：

「知識份子得出任官職，就像農夫得耕田一樣；難道農夫會爲了出國就拋棄他的農具嗎？」

周霄又追問下去：

「既然出任官職是讀書人的迫切希望，而有道德學問的君子又不輕易接受官職，這又爲什麼呢？」

周霄問到這裏，顯然是針對孟子而發的。他想，孟子既希望國君能任用他，實現他的抱負，又不肯輕易去謀求官職，這是爲什麼呢？孟子於是答道：

「爲人父母的，自然希望兒子能娶到好妻子，女兒能找到好歸宿，這是正常的現象。但是假如青年男女，不守禮法，挖壁偷看，或爬牆私奔，那麼社會上就會瞧不起他們。同理，古時候的君子並非不想做官，只是不肯不依正道而爲。不依正道去做官的，就像那些挖壁爬牆的人啊！」

孟子的意思很明白的指出，做任何事情都要有原則；假如只問目的，不擇手段，那就是喪失原則。做人還有比喪失原則更可悲的嗎？

有一次，孟子的學生萬章也問到同樣性質的問題：

「有人說，古代的賢人伊尹曾利用烹飪的手藝來接近商湯，獲得商湯的重用。眞的有這回事嗎？」

孟子說：

「不，不是這樣的。伊尹在有莘的郊野耕作，而以堯舜之道爲樂。如果不合道義，縱然以天下的財富作爲他的俸祿，他不會正眼看一下的；縱然送給他四千匹馬，他也不會望一下的。如果不合道義，他連一點兒也不給人，也不肯拿別人一點點。湯曾使人送禮物去聘請他，他却平靜地說：『我爲什麼要接受湯這個聘禮呢？我何不住在田野之中，以堯舜之道自得其樂呢？』

「湯再三派人去聘請他。不久，他便完全改變了態度說：『我與其住在田野中，以堯舜之道自得其樂，又何不使今天的國君也成爲堯舜一般的賢君？又何不使今天的百姓成爲堯舜時代的百姓呢？我又何不使堯舜的盛世重見於當今呢？天生萬民，就是要使先知覺後知，使先覺覺後覺，我呢，是芸芸衆生的先覺者，有責任拿堯舜之道來啓蒙百姓，這個使命不是由我來擔負，又有誰會去做呢？』他想，天下的百姓，匹夫匹婦，如果沒有沾潤到堯舜之道的恩澤，就好像是自己的罪過，他是如此地擔當天下的重任呀！所以，一到湯那裏，就勸他討伐夏桀，拯救人民。

「我從未聽說過自己行爲不正而能敎導別人的，更不用說那些汚辱自己而能匡正天下的了！聖人的行爲，雖然各有不同，但總是要自身高潔。我只聽說過伊尹以堯舜之道使湯任用他，不曾聽說他用烹飪的手藝作爲求仕的手段。」

從上面孟子的話裏面，我們可以知道，孟子認爲知識份子除了要堅持原則操守，所謂「非其義也，非其道也，一介不以與人，一介不以取諸人。」更要有以天下爲己任的使命感，「使先知覺後知，使先覺覺後覺。」這樣，文明才能繼續提昇發展，人類才有前途可言。

魏國當時又有一位名叫景春的縱橫家，對公孫衍和張儀這兩個出名的外交政客十分崇拜佩服。有一次，景春向孟子說道：

「公孫衍和張儀兩人，豈不是眞正的大丈夫嗎？他們一發怒，各國諸侯就害怕；安居下來，天下便太平無事。」

孟子說：

「這種人那能算大丈夫呢？你沒有學過禮嗎？男子到了成年擧行冠禮時，父親會教他如何做人處世；女子出嫁時，母親也會諄諄告誡，送到門口時，說：『到了夫家，一定要恭敬小心，不可違背丈夫的意思。』這麼看來，以順從作爲原則的，才是爲人妻妾所要遵守的。

「居住在天下最寬廣的住宅——仁，立身於天下最正大的地方——禮，行走天下最光明的道路——義；得志的時候，教化百姓，使百姓也能同上大道；不得志的時候，就堅持原則，獨善其身。富貴不能淫，貧賤不能移，威武不能屈。惟有這樣的人，才配稱爲大丈夫！」

對於一個只崇拜英雄而不尊重道德的時代，孟子的這番話無異是一聲巨響，使張儀這種人立即黯然失色；就是在二千多年後的今天，依然令人感受到這番話的震撼力。惟有「富貴不能淫，貧賤不能移，威武不能屈」的品格，才是人生價值中最值得珍貴的。

後來孟子又遇到另一個善於辯論的縱橫家淳于髡。他問孟子道：

「男女之間，不親手接遞東西，這是禮嗎？」

「不錯，是禮。」

「那麼，假如嫂嫂掉下水裏，應該用手去拉她嗎？」淳于髡問道。

孟子說：「假如嫂嫂掉在水裏而不去拉她，那簡直是豺狼禽獸。男女授受不親，這是常禮；而用手去救掉在水中的嫂嫂，是變通的辦法。」

淳于髡於是追問道：

「現在天下的人都掉到水裏了，您爲什麼不上前拯救他們？」

孟子說：

「天下的人都掉到水裏了，要用『道』去拯救；嫂嫂掉到水裏了，才用手去拯救。難道您要我用手去拯救全天下的人嗎？」

表面看來，這是一場精彩的迷你型辯論，但是在孟子機智應答的背後，實際上隱藏着很大的道理。孟子和當時人最大不同的一點，便在於他始終堅持「天下溺，援之以道」，而不是表現個人的英雄色彩，更不是藉此追求個人的聲名利益。以「仁道」來拯救天下，這是絲毫不能妥協的原則。

孟子到了魏國的第二年多天，下着大雪。年紀老邁的惠王帶着富强的夢想和復仇的願望過逝了。孟子雖也感到悵然，但仍客觀地給梁惠王下了評語：

「梁惠王眞是不仁啊！仁者應該把他所愛的，推及他所不愛的；不仁者却相反，把他所不愛的推及他所愛的。」

他的學生公孫丑問說：

「這是怎麼說呢？」

孟子回答：

「梁惠王因爲爭奪土地的緣故，犧牲他的百姓去作戰，結果大敗；想要再戰，怕不能勝，又驅使他所喜愛的子弟去送命。這就是把他所不愛的推到他所愛的。」

梁惠王既不能接受孟子的思想，現在又死了。孟子想，待在魏國已經沒什麼意思，不如走了吧！

翌年春天，西元前三一八年，惠王的兒子赫繼立，是爲魏襄王。這一年，孟子年五十五歲左右。

襄王即位後，有一次請孟子進宮。孟子見過襄王後，襄王突然問道：

「天下怎麼才能安定？」

「只有天下統一，結束列國紛爭的局面，才能安定。」

「誰能統一天下？」襄王又問。

孟子說：

「不好殺人的國君能够統一天下。」

「有誰會歸服他呢？」

孟子說：

「天下的人沒有不歸服的。陛下看過那些秧苗嗎？當七八月間久不下雨，秧苗就乾枯了。但是若有一陣烏雲出現，嘩啦嘩啦地下起大雨，秧苗便又蓬勃迅速地生長起來了。像這樣，又有誰能阻擋得住呢？如今天下的當政者，沒有不好殺人的。如果有一位不好殺人的君主，那麼，天下的老百姓都會伸長脖子，期待他來解救了。若眞是如此，百姓歸附他，就好像水向低處奔流一般，浩浩蕩蕩，誰能阻止得了呢？」

這一番話，依然是「仁者無敵」的意思，在孟子的生動譬喻下，應該發揮說服的效果才是。但是，襄王一如其父，只想到現實上的政治利益，「仁政」的這類話是聽不進去的。孟子在談話之間，察顏觀色，已經知道無法寄望魏國來施行仁政了。

孟子從宮中出來，和弟子們談到這次的見面，提到魏襄王時，說道：

「遠遠望去，看起來不像個國君的樣子；當我走近，又看不出他有什麼值得敬畏的地方。」

就這樣，孟子決定離開魏國。

【思考時間】

1. 擁有高深學識的人，像現代的「博士」，能不能稱為「知識份子」？還是需要其他的條件？孟子引古代賢人伊尹的話：「天之生此民也，使先知覺後知，使先覺覺後覺也。予，天民之先覺者也，予將以斯道覺斯民也，非予覺之而誰也。」這是否也是現代讀書人所需要具備的胸襟？

2. 如果為了爭個人的名利，而喪失做人的原則，拍馬逢迎，是否就是孟子所說的「以順為正者，妾婦之道也」？

3. 二十世紀，世界發生了兩次大戰，至今依然到處烽火，危機重重，此時想想孟子所說的「天下溺，援之以道」，是否能帶給當今世界一些啓示的意義？

第三章 齊國，旅程的第二站

老吾老，以及人之老；幼吾幼，以及人之幼；天下可運於掌。

——孟子梁惠王篇上

一、王道與霸道的對話

孟子離開魏國，決定東到齊國，當時齊宣王剛即位不久，頗想有一番作爲。他的第一項措施，便是把位於都城臨淄的稷門下原有的學宮宅第，重新加以整修。然後提供優厚的條件，公開禮聘天下的學者賢士及當時著名的思想家。因宣王的求賢呼聲而到齊國的，有陰陽家鄒衍，法家田駢、愼到、環淵、接子，還有在魏國和孟子辯論過的淳于髡，加上一些較不出名的學者，不下千百人，可說是集一時之盛了。

齊國政府爲這些「稷下學士」們安排最好的生活環境，有寬濶的馬路，高門大屋的建築，讓他們能够自由而愉快地在那裏思考、研究、討論。

西元前三一八年，孟子年五十八歲左右。他就在這一年帶着一羣弟子，風塵僕僕地來到臨淄，受到齊國當局的禮遇，立卽安排在「稷下館」住下。同年，列國間的局勢有了變化。宋國的國君稱王。韓、趙、魏、燕、楚五國，聯軍攻秦，結果在函谷關戰敗。這一戰動搖了强秦和東方列國之間的均勢局面，也刺激了齊宣王勵精圖治的決心。

因此，宣王第一次和孟子見面，便問道：

「齊桓公、晉文公的霸業，可以講給我聽聽嗎？」

孟子答道：

「孔子的門徒沒有談到齊桓公、晉文公的霸業，所以齊桓、晉文的事蹟也沒有傳到後代來，起碼我是沒聽說過。陛下如果要我說，那就講以德服人的『王道』吧！」

其實，孟子熟讀古代的歷史典籍，豈有不知齊桓、晉文之理？只是不願說而已。孟子既然根本不贊成霸政的追求，因此，一開始便撥開齊宣王的問話方向。

宣王進一步問道：

「如何才能以『王道』統一天下呢？」

孟子說：

「一切都爲百姓着想，使人民能安居樂業，這樣去統一天下，沒有人能夠阻擋的。」

宣王說：

「您看，像我這個人可以保民嗎？」

孟子說：

「可以。」

「憑什麼斷定可以呢？」宣王問。

於是孟子便舉實例來說：

「我曾聽到胡齕ㄏㄜ告訴我一件事；有一天，陛下坐在殿上，剛好看到有人牽一隻牛從殿下走過。陛下看到了，問說：『牽到那裏去？』那人答說：『準備宰來釁ㄒㄧㄣ鐘。』陛下便說：『把牠放了吧，我實在不忍心看到牠那害怕發抖的樣子，無辜受死，實是教人不忍！』那人又說：『那麼，就不要舉行釁鐘儀式了嗎？』陛下說：『怎麼可以不舉行呢？用羊來代替吧！』不曉得是否眞有這麼一回事？」

宣王說：「有。」

孟子說：

「那就好。憑陛下的心就可以王天下了。老百姓都以爲陛下是吝嗇，所以才拿羊換牛，可是我早知陛下實是出於不忍之心。」

宣王說：

「是啊！百姓竟這麼想。齊國雖不大，我何至於連一隻牛都捨不得呢？我眞的是不忍心看到牠無辜受死，害怕發抖的樣子，所以才拿羊來替代。」

孟子說：

「其實也難怪百姓會以爲陛下是捨不得。羊小牛大，而陛下以小換大，老百姓怎麼能知道陛下的用心呢？如果可憐牛無罪而死，那麼，換了羊就不可憐了嗎？」

宣王笑了起來，說：

「這眞是存什麼心啊！我不是捨不得那點兒錢，才拿羊換牛的。難怪百姓會說我吝嗇。」

孟子又說：

「沒關係，陛下所做的正是仁心的表現。原因是在於陛下只看見牛，沒看見羊。君子對於禽獸，看到牠們活着，便不忍心看到牠們死去；聽到牠們悲鳴哀號，便不忍心吃牠們的肉。所以，君子總離開厨房遠遠的，就是這個道理。」

孟子在這裏並不是順承宣王的意思而說，也不是爲宣王的行爲找藉口，而是指出，每個人都有「不忍之心」的善性，這善性便是仁政的基礎。孟子從這件事裏，向宣王指出他有「王天下」的可能性。宣王聽了，自然很高興。他說：

「詩經上有兩句話：『別人有心事，我能揣度出。』您就是這樣的。我確是這麼做，可是自己想想，却想不出所以然來。經您這麼一說，恰中我意，當初我的確是這麼個想法。但是，您說我的心可以王天下，這又怎麼說呢？」

孟子說：

「假如有人向陛下報告，說：『我的力氣足以擧起三千斤重，却拿不動一根羽毛；我的視力可以看清野獸秋毫的末梢，却看不到一車子的柴薪。』陛下會相信他的話嗎？」

「不。」宣王說。

孟子接着又說：

「今天陛下可以把恩澤推廣到禽獸上，却不能使百姓享受到德政，這是爲什麼呢？可見一根羽毛拿不動，是因爲他不肯用力氣拿；一車柴薪都看不見，是因爲他不肯仔細看；而百姓不能安居樂業，正因爲當政者不推行德政。所以說啊，陛下若不能王天下，只是不肯做，而不是能力不够。」

宣王問：

「不肯做和不能做，有什麼不同？」

孟子說：

「如果要挾着泰山，跳過北海，告訴人說：『這個我辦不到。』這是眞的不能。如果要爲老人家折取樹枝，告訴人說：『這個我辦不到。』那麼，這就不是不能，而是不肯做。所以，陛下不實行仁政，並不是挾泰山以超北海般的不可能，而是好比替老人家折取樹枝，只是不肯去做啊！

「尊敬自己的長輩，進而尊敬別人的長輩，愛護自己的兒女，進而也愛護別人的兒女。以這一原則爲政，要王天下就很容易了。詩經上說：『先作爲妻子的榜樣，再推及兄弟，然後再把這修身齊家的道理，作爲治理國家的原則。』這是說，把仁心推擴到其他方面就可以了。所以由近而遠地把恩惠推擴出去，便足以保有天下；若不這樣，連自己的妻子兒女都保不住。古代的聖王所以遠勝過一般人，沒有別的緣故，只是善於推行他們仁心德政而已。現在陛下的恩澤可以施及禽獸，而百姓却分享不到您的功德，這是爲什麼呢？

「秤一秤，才知道輕重；量一量，才曉得長短。任何東西都是如此，人心更是如此。請陛下想想！難道說：動員軍隊，使將士冒着危險，和別的國家結下怨仇，這樣您才痛快嗎？」

宣王說：

「不，不，我怎麼會這樣做才痛快呢？我這樣做，只是想滿足我的願望而已！」

孟子說：

「陛下最大的願望是什麼？可以講來聽聽嗎？」

宣王乾笑了一聲，不答腔。孟子便接着問道：

「是爲了精美的食物還不够吃？輕暖的衣服還不够穿？或者是爲了絢麗的彩色

不够看？美妙的音樂不够聽？侍候陛下的寵臣不够使喚？這些，陛下的臣子都已充分供應了，難道陛下眞的爲了這些？」

宣王說：

「不，我不是爲了這些。」

孟子說：

「那麼陛下的最大願望就可想而知了。是想要擴大疆土，威服秦楚，君臨中國，安撫四方的夷狄。可是，以陛下的作法想要達到願望，就好像爬到樹上抓魚一般的不可能。」

宣王說：

「眞會是這樣嚴重嗎？」

孟子說：

「恐怕比這更嚴重呢！爬到樹上去捉魚，雖然捉不到魚，却沒有禍害。以陛下這樣的作法，想要達到願望，還費盡心力而爲，一定會有災禍。」

宣王說：

「可以說來聽聽嗎？」

孟子說：

「假如鄒國和魯國打仗，陛下認爲那國會打勝呢？」

「楚國會勝。」宣王說。

「從這裏便可以看出來，小國不可與大國爲敵，人口稀少的不可以與人口衆多的爲敵，弱小的不可以與強大的爲敵。現在，方千里的國家有九，齊國才不過是其中之一；以九分之一的力量來對抗其餘的九分之八，這和鄒國與楚國爲敵有什麼分別呢？所以，應該從根本的仁政開始。

「現在陛下如果能改革政治，廣施仁德，使天下的士大夫都想到齊國來做官，農夫都想到齊國來耕種，商人都想到齊國做生意，天下怨恨本國國君的人也都想來齊國控訴。如果這樣，陛下要王天下，又有誰能抵擋得住呢？」

宣王說：

「我現在心思混亂，不能做到您所說的程度，希望您幫助我，明白地教導我。我雖不行，但願意照您所說的去做。」

孟子聽到宣王這麼誠懇，便詳細地講述仁政的具體內容：

「沒有固定的產業，却能堅守道德原則的，只有士人才能够做到。至於老百姓，如果沒有固定的產業收入，生活沒有保障，便無法經常保有向善的心志；如果百姓喪失了善良的本性，那麼就會爲非作歹，違法亂紀，無所不爲。等到他們犯了罪，然後才加以處罰定罪，這等於是故意陷害他們。那裏有仁人在位，却做出陷民入罪的事呢？所以賢明的君主，制定人民的產業，一定要使他們上足以瞻養父母，下足以養活妻子兒女；年成好，可以足衣足食；年成不好，也不致於餓死。生活有了保障，然後敎育他們，使他們向善，老百姓也就很容易聽從了。

「現在呢，百姓的產業收入，仰不足以事父母，俯不足以畜妻子；年成好的話，生活還是十分勞苦；年成差的話，只有死路一條。像這種情況，百姓想圖個活命都很難了，那有閒暇學習禮義呢？

「陛下如果要施行仁政，只有從根本着手。每家有五畝大的宅園，空地上種植桑樹，五十歲以上的人就可以穿絲織品了；飼養鷄、狗、豬等家畜，不要誤了繁殖的時期，七十歲以上的人就可以吃到肉類了；每家配給一百畝田，不要隨便徵用徭役，妨害生產，那麼八口之家就可以不挨餓了。然後辦好學校敎育，敎導孝順友愛的道理，那麼，就不會有老人在道路上挑擔工作，不得休息的情形了。使老人家吃好穿暖，一般人不饑不寒，像這樣還不能使天下歸服，是從沒有的事啊！」

孟子初見齊宣王的對話，就到這裏結束。孟子依舊打着「保民而王」的旗幟，來對抗當時人君追求霸業的野心。就這一點而言，比起當時的商鞅、張儀之輩，孟子的理想主義的色彩顯然十分濃厚；然而，孟子並不是不切實際，甚至可以說他的仁政思想是以民生問題爲基礎的。他強調首先要照顧人民的經濟生活，使衣食無缺，安居樂業，然後進一步推行禮義敎化，改善社會風氣，達到「精緻文化」的境地。

孟子的雄辯和氣勢，在對話中表露無遺。他面對齊宣王，有時單刀直入，毫不客氣，有時委婉譬喻，循循善誘，最重要的是，孟子給宣王以信心和鼓勵，說明「仁政」是可爲而至的，難怪宣王會說「試着去做吧」！當然，孟子也因此更對齊國寄予希望了。

【思考時間】

要了解孟子何以敢以堅定自信，不畏不懼的態度和諸侯對話論辯，便得先了解當時知識份子的地位。由於當時知識份子具有羣體自覺的意識，因此增強了「道尊於勢」——真理的地位比現實權勢更高——的觀念，並且造成了「不治而議」的政治現實批判的權利。這固然一方面由於國君需要知識份子（求賢）的情勢所哄抬，另一方面也因當時的君臣上下的關係尚未發展出如秦漢以降的專制型態；所以，整個氣氛是開放自由的。「稷下學宮」，便是當時傑出知識份子薈萃之處，十分具有代表性。

有一個問題可供反省：從「開放社會」與「封閉社會」的比較上，試想那一種社會型態最能激發文化創造？

二、人道主義的堅執

針對當時流行的政治思想，孟子一再强調「王道」與「霸道」的區別。他說：

「以武力爲憑藉，假借仁義之名，而進行侵略的國家，稱之爲『霸』；想稱霸一定要大國才行。以道德施行仁政的國家，稱之爲『王』；想以仁政王天下則不一定要國家强大才行，像商湯只靠七十方里，周文王只靠一百方里的土地，就王天下了。以武力征服別人的，別人並不眞正心悅誠服，而是由於國力不足的緣故。以道德使人歸服的，則歸服的人是眞正的心悅誠服，就像孔子的七十弟子信服孔子一樣。詩經上說：『自西自東，自南自北，無不心服。』就是這個意思。」

孟子很清楚地區分了「王」「霸」——以力服人的就是霸，以德服人的就是王；而孟子所大力提倡的正是「王道」思想。

當初齊宣王詢問孟子有關齊桓公和晉文公的霸業，孟子答說沒有聽說過。其實，孟子並不是不知道，而是不想提起霸道而已。後來，孟子曾向弟子們講到春秋五霸。他說：

「春秋五霸是夏商周三代帝王的罪人；現在的諸侯，都是五霸的罪人；現在的大夫，又都是當今諸侯的罪人。

「天子到諸侯列國去巡行，叫做巡狩；諸侯朝見天子，報告國情，叫做述職。天子在春天時要巡察百姓的耕種而補足他們的不足，秋天要巡察百姓的收成而資助欠收者。天子進到諸侯的國境，看到土地開墾，田野整治，能够供養老人，尊重賢人，人才在位，就給予獎賞，加封土地。若看到土地荒涼，老人無依，不用賢人，貪官在位，就加以責罰。諸侯一次不來朝見，就降低他的爵位；再不來朝見，就削減他的封地；三次不來朝見，就出動六軍去征討他。所以天子只是下令聲討有罪的諸侯而不親自攻伐，而諸侯則是奉命攻伐有罪的諸侯而不聲討。春秋五霸則是強迫各國諸侯去攻伐別國。所以說，五霸是三代帝王的罪人啊！

「春秋五霸以齊桓公爲最强，他在葵丘這個地方會合諸侯時，訂立五條誓約：

第一條：誅罰不孝者，不更立王位繼承人，不以妾爲妻。

第二條：尊重賢人，教育人才，表揚有德者。

第三條：敬老慈幼，保護旅客。

第四條：士人之官不得世襲；一官一事，不得兼職；取用士人，要憑真才；不得任意殺大夫。

第五條：不改變河道而貽害他國，不禁止糧食的輸入；如在國內分封領土要通知各國。

誓約訂完之後，又說：『凡我同盟，既盟之後，言歸於好。』當今的諸侯，都違反了這五條盟約。所以說，當今的諸侯都是五霸的罪人。

「聽任國君的罪惡滋長，這罪還小；迎合引誘國君的惡念，這罪可大了。現在的大夫無不逢迎引誘國君的惡念，所以說，現在的大夫都是諸侯的罪人啊！」

從這裏看來，孟子的理想政治是「三代之治」，上下和諧，只用仁愛和禮義來維持天下的秩序。到春秋時，周天子漸漸喪失了天下宗主的權威，原有的政治秩序遭到破壞和挑戰，於是才有齊桓公和晉文公的霸業出現。霸政是用武力爲後盾來「尊王攘夷」，尚且還能維持瀕臨崩潰的政治秩序，比起孟子當時的戰國時代的混亂局面，已經算是好多了。孟子對於當時執政的諸侯和卿大夫，深表不滿，在他看來，他們連春秋五霸都不如，更不用談到「三代之治」了。

當時的列國諸侯，上則求霸業，下則圖生存，從沒有嚮往仁政的。孟子深深地嘆息着。他來到齊國，依然堅持着關懷人民的人道主義。那時候，各國國君和貴族的生活都很奢侈，擁有廣大的苑囿和離宮別墅。相形之下，一般老百姓却經常在饑寒的邊緣，甚至遭受流離失所，暴屍荒野的命運。這是不合理、不公平的。孟子時常不容已地湧現出激烈的道德抗議。

有一天，齊宣王在他的別墅「雪宮」接見孟子，向他誇耀豪華的宮殿建築、富麗堂皇的裝潢，和種種的生活享受，說：「賢君也有這種快樂嗎？」

孟子說：

「有的。如果人民不能同享，他們就會批評國君。不能同享快樂，因而批評君上的人，固然不對，可是爲人君上却不與民同樂，也是不對的。以百姓的快樂爲自己的快樂，百姓也會以國君的快樂爲自己的快樂；以百姓的憂愁爲自己的憂愁，百姓也會以國君的憂愁爲自己的憂愁。以天下之憂爲憂，天下之樂爲樂，這樣還不能使天下歸服，是從未有過的。

「以前齊景公問晏子說：『我想到轉附、韓儛ㄨˇ兩座名山去遊歷，然後沿着海岸南下，一直到瑯琊。我該怎麼做，才能比得上古代先王的壯遊呢？』晏子答道：

『問得好啊！天子到諸侯的國家，叫做「巡狩」，也就是巡視諸侯所守的疆土的意思。諸侯朝見天子叫做「述職」，也就是報告他的政績的意思。無論是「巡狩」或「述職」，都是必要的事情。春天時巡視耕種情形，對百姓的需要加以補助；秋天時考察收穫的情況，對欠收的農戶加以救濟。所以夏朝的諺語說：「我王不出遊，我們怎能得以休息？我王不出遊，我們又怎能得到救助？我王每次出行巡遊，都足以作為諸侯的法度！」現在啊，就不這樣了。國君一出遊，與師動衆，到處籌糧運米，以致於饑餓的百姓沒飯吃，勞苦的士卒不得休息。大家都怨聲載道，人民也都鋌而走險，為非作歹了。這樣的出巡，違背天意，虐待百姓，大吃大喝，如同流水，流連忘返，縱慾無度，實是令人擔憂。什麼叫做流連荒亡呢？從上游順流而下，樂而忘返，叫做「流」；逆流而上，樂而忘返，叫做「連」；追逐禽獸，迷於打獵，以致於荒廢政事，叫做「荒」；沉溺於飲酒，不知節制，叫做「亡」。古代的先王從沒有流連之樂，荒亡之行。古今這兩種情形，由陛下自己決定吧！』

「景公聽了很高興，於是先在城內做好出巡的準備，然後駐宿在郊外，又拿出錢糧，救濟貧窮。景公把樂官太師叫來，說：『給我創作一首君臣同樂的歌曲吧！』這首樂曲就是「徵ㄓ招ㄕㄠ」和「角ㄐㄩㄝ招ㄕㄠ」。那歌詞裏有一句：『阻止國君的私欲，有什麼罪過呢？』阻止國君的私欲，就是愛護國君啊！」

齊宣王又問道：

「聽說文王有一處狩獵場，方七十里，是眞的嗎？」

孟子說：

「古書上確是這麼記載。」

宣王說：

「眞有這麼大嗎？」

孟子說：

「老百姓還嫌太小呢？」

宣王愈覺得不解，又問道：

「我的狩獵場只有方四十里，老百姓還嫌太大，爲什麼呢？」

孟子說：

「文王的狩獵場方七十里大，樵夫可以進去，獵人也可以進去。與民同享，老百姓認爲太小了，這不是很自然嗎？記得我剛到齊國的邊界時，先問明了最大的禁忌，才敢入境。我聽說在國都的郊外有個狩獵場，方四十里，要是那個人殺了裏面的麋鹿，就如同犯了殺人罪。那麼，這方四十里的狩獵場，就等於在國內佈置一個陷阱。老百姓認爲這個陷阱太大了，不是很自然嗎？」

孟子的詞鋒銳利，即使面對勢高位尊的諸侯也是毫不客氣。幸好，齊宣王也頗有雅量，能聽得下去。

還有一次，孟子從莊暴那裏得知宣王喜歡音樂，於是在和宣王見面時就將此事提出來：

「陛下是否曾告訴莊暴，說您喜歡音樂？」

宣王聽了覺得不好意思，久久才說：

「我並不是喜歡古代聖王的古典音樂，只是喜歡一般的流行音樂而已。」

孟子說：

「這沒關係。只要陛下喜歡音樂，那齊國就有希望了。喜歡現在的流行音樂，和喜歡古典音樂是一樣的。」

宣王說：

「這怎麼說呢？」

孟子問道：

「一個人獨自欣賞音樂較愉快呢，還是和別人一起分享較愉快？」

宣王說：

「當然和別人一起欣賞較快樂。」

孟子又問：

「少數人欣賞音樂較快樂呢？還是多數人一起欣賞較快樂？」

宣王說：

「當然跟多數人欣賞較快樂。」

孟子接着說：

「那麼，讓我談談娛樂的道理吧！假如陛下在這裏奏樂，百姓聽到鳴鐘擊鼓，吹簫奏笛，全都感到頭痛，愁眉苦臉，彼此訴怨：『我們的國君這麼愛好音樂，爲什麼使我們淪落到這般地步？父子不相見，兄弟妻子離散！』假如陛下在這裡打獵，老百姓聽到車馬的聲音，看到華麗的儀仗，却全都感到痛苦，愁眉苦臉，彼此訴苦：『我們的國君這樣愛好打獵，爲什麼使我們淪落到這般地步？父子不相見，兄弟妻子離散！』爲什麼老百姓會這麼深惡痛絕呢？沒別的，只因爲不能與民同樂的緣故。

「假如陛下在這兒奏樂，百姓聽到了鳴鐘擊鼓，吹簫奏笛，全都興高采烈地互相走告：『我們的國君大概身體健康吧，要不，怎麼會奏樂呢？』假如陛下在這兒打獵，老百姓聽到車馬的聲音，看到儀仗的美麗，全都興高采烈地互相走告：『我們的國君大概身體健康吧，要不，怎麼能打獵呢？』爲什麼百姓會這麼高興呢？沒別的，只因爲能與民同樂的緣故。」

「所以，總結一句話，陛下若能與民同樂，就可以王天下了。」

齊宣王是個坦率的君主，他對孟子的勸言表示願意接受，但又不敢自信能夠做到。孟子呢，他當然知道理想和現實之間的差距，可是他的信念堅定，一直希望當政者能夠發揮良知，照顧到廣大百姓的生活。

當時，在齊國境內有一座周天子巡狩祭祀用的「明堂」，由於天子巡狩之禮已經久不實行了，很多人向齊宣王建議把泰山下的明堂拆了。宣王拿這件事來請教孟子。

孟子答說：

「那泰山下的明堂，是從前天子巡狩到東方，用來朝會諸侯的殿堂；陛下如果也希望實行稱王天下的仁政，那就不必拆了。」

宣王問說：

「怎樣實行稱王天下的仁政，可以說來聽聽嗎？」

孟子於是敍述以前文王治理人民的措施。當時文王在農業上施行井田制度，在商業上施行關稅開放政策；百姓可以自由捕魚打獵，要是犯了罪，並不株連到無辜的妻兒家屬。對於窮苦無告的老人和孤兒，特別照顧。孟子還引一句詩經上的話：

「富人是可以過活了，可憐這些孤苦無依的人吧！」

宣王聽了，大爲感動，說道：

「您講得太好了！」

孟子便說：

「陛下如果認爲很好，爲什麼不實行呢？」

宣王這時候訕訕地說：

「寡人有個毛病，就是喜歡財貨！」

孟子說：

「沒關係。從前周朝的祖先公劉也喜歡財貨，但是他能和百姓共享，所以百姓都跟隨他。陛下如果喜歡財貨，也和百姓同享，如此要王天下又有什麼困難？」

宣王又說道：

「寡人又有個毛病，就是喜歡女色！」

孟子說：

「這也沒關係。從前周朝的祖先太王也喜歡女色，可是在他治理下的人民，內無怨女，外無曠夫，男婚女嫁，都很美滿，若是這樣，稱王天下又有什麼困難？」

從這裏可以看出，孟子雖然堅持他那人道主義的旗幟，但是他從不故作清高，而是親切落實，從最平凡可行的地方來引導人們發覺人人本有的良知愛心，擴而充之，達到「己立立人，己達達人」的境地。孟子告訴我們，想要成就完善的人格，或是達到仁政的理想，只是在於爲與不爲而已。

【思考時間】

記得孟子初見梁惠王時，說：「王，何必曰利？亦有仁義而已矣！」然而，在這節裏，我們看到孟子強調「與民同樂」、「與民同利」，證明孟子並不反對「利」。孟子的「義利之辨」；可分三層意思來了解：㈠針對當時富國強兵的思想而發，強調在富國強兵之上安立「仁義」的道德原則。㈡在政治和經濟層面，強調利益的合理分配，使達到均平的理想。㈢在生命修養上，強調物質層次之上另有更高的精神層次。

三、民主思想的萌芽

孟子向齊宣王提出了以仁政王天下的遠景，雖然孟子一再强調其可行性，但是若沒有一套具體的施政辦法，那麼，孟子所說的王道政治都將成爲高懸的理想而已。孟子當然知道這一點，所以在另一次見齊宣王的機會裏，就談到這個問題：

「假如要建築一座高大的宮室，那一定要叫負責工程的單位去尋找巨大的木料。若工程師找到了巨大的木料，陛下就高興，認爲他能稱職。若工人把木料砍成太小了，陛下就發怒，認爲他不能稱職。

「同樣的道理，如果有人從小就學習治國的大道，到了成年，想加以實行。陛下卻對他說：『把你所學的丢開吧，照我的意思去做就可以了。』那行不行呢？好比現在有一塊沒有經過彫琢的璞玉，十分值錢，陛下一定要請玉工來彫琢。可是一說到治理國家，卻說：『把你所學的丢開吧，照我的意思去做就可以了。』這和要玉工按照陛下的意思去彫琢玉石，又有什麼分別呢？」

建築宮室和彫琢玉石，都需要具有專業知識和技術的專家，爲什麼治理國家就不需要專家呢？孟子認爲，治國的首要條件就是擧用賢能的人。

孟子進一步指出，當政者選拔人材要從兩方面來看，一是人格，二是才能。惟有能「貴德而尊士」，使「賢者在位，能者在職」，國家才能富强，這樣的富强也才是孔孟所贊許的。

孟子曾說過：

「當政者如果不任用仁慈賢能的人，那麼國家就會空虛；如果沒有禮義，那麼上下就要大亂了；如果沒有講究效率的行政制度，那麼財政上就會不够充足了。」

過了一陣時候，孟子又去見齊宣王，說道：

「所謂歷史悠久的國家，並不在於有高大的喬木，年代久遠的意思，而是要有累世立功的大臣。可是現在陛下不但沒有這種大臣，連一個親信的臣子都沒有了。昨天才任用的人，現在跑到那裏去都不知道呢！」

宣王問說：

「怎樣去識別那些缺乏才能的人而不用呢？」

孟子回答：

「國君任用賢能的人，常要把出身卑賤的人提拔在尊貴的人之上，把疏遠的人提拔在親近的人之上，像這樣能不謹愼嗎？因此，在選用人才時，左右親近的人都說某人好，還不可輕信；滿朝的大夫都說某人好，也不可輕信；當全國的人都說某人好時，然後進一步去考察他；發現這個人眞是賢能！才決定錄用他。又如左右親近的人都說這人不能用，不要輕易聽信；滿朝的大夫都說這人不能用，也不要輕易聽信；當全國的人都說這人不好，然後進一步去考察，發現他眞是不好，才決定不用。若有犯法的案件，左右親近的人都說某人可殺，不要輕信；滿朝大夫都說可殺，也不要輕信；當全國的人都說某人可殺時，然後進一步去考察，發現罪證確鑿，眞是該殺，然後才殺他。這樣，才可以做百姓的父母。」

在戰國時代，還沒發展出客觀的考試制度來任用人材，但是孟子已經意識到這個問題的重要性了。根據他的見解，政治上的得失成敗乃決定於能否使賢能的人有表現的機會。惟有「人」才是政治上的決定因素。

但是，如何判斷一個人是否賢能呢？這便往往會失之主觀了。爲了避免個人的主觀成見，儘可能達到客觀的程度，孟子便提出了富有民主精神的辦法——尊重民意。「國人皆曰賢，然後察之；見賢焉，然後用之。」這不是民主精神的表現嗎？

孟子思想的最偉大貢獻之一，就是提出「民本思想」。孟子曾說：

「人民是最重要的，其次才是國家，國君是最輕下的。因此，得到人民支持的才能做天子；得到天子任用的才能做諸侯；得到諸侯重視的才能做大夫。如果諸侯的所作所爲危及國家，就廢置改立。」

在二千多年前，這是一段多麼進步的言論！「民爲貴」，孟子在「保民而王」、「與民同樂」的呼聲裏，已經淸楚地揭擧出來了。更可貴的，孟子勇敢地在國君面前說：「君爲輕！」這在封建專制時代，是値得大書特書的理性與勇氣。

最重要的，孟子提出政權的合法性必須建立在人民的支持上；換句話說，人民雖無法自己治理自己，但是人民擁有「同意權」，惟有經過人民的同意，執政者的統治才合法有效。這種思想是人類文明史上的一大進步。爲什麼呢？因爲以前的帝王都宣稱，他們獲有「天命」——具有意志的天帝降給他們統治天下的命令。這是爲什麼後來的皇帝都說他們是「眞命天子」的緣故。孟子便擧出歷史的例證來駁斥這種充滿權力野心的講法。他說：

「夏桀和商紂失去天下，是因爲他們失去了人民的支持。失去人民的支持，是因爲失去了他們的信心。這樣看來，得天下是有原則的：能得到人民的支持，就能得天下了。得到人民的支持也有原則：能得到民心，也就能得民了。得到民心也有原則：人民所需求的，能够充分的供應；人民所討厭的，就不要強制他們。

「人民歸服於仁政，就好像水往低處流，獸向野外走一樣，是很自然的。所以，把魚趕進深水的是那吃魚的水獺；把麻雀趕進樹林裏的是那吃雀的土鸇ㄓㄢ；使人民去歸服商湯、周武王的，就是那殘害人民的夏桀和商紂啊！現在的諸侯要是有好仁的，那麼其他各國的諸侯所統治下的人民，都會來歸服的；縱使他自己不想王天下，也無法自己決定了。

「今天想要稱王天下的人，猶如生了七年的病，而求那收藏了三年的艾草來治療一般，如果不馬上就儲存，那麼一輩子都不可能找到。所以，現在那些想稱王天下的人，如果不實行仁政，只有一輩子生活在憂愁和恥辱裏，最後不免於身死國亡的慘境。」

從這裏可以知道，孟子所標舉的仁政理想並不是抽象、空洞和不切實際的，而是以「民主思想」爲具體的內容。孟子的民主思想也就是他那人道主義的具體表現！

民主政治最重要的就是政權的獲得和轉移要合於人民的意志。孟子看到當時的諸侯經常發動武裝政變，來獲取王位，而遭殃受害的只有老百姓。廣大的人民爲野心政客的爭權奪利而承擔悲慘的命運，這是不公平的、不仁道的。孟子有鑑於此，便强調政權的和平轉移。

孟子的弟子萬章就曾經問到堯舜禪讓的問題：

「堯將天下授與舜，有這回事嗎？」

孟子答道：

「不，天子不能將天下授與人。」

萬章又問：

「那麼，舜得到天下，是誰授與的？」

「天授與的！」

萬章問道：

「上天是一再告誡而授與他的嗎？」

孟子說：

「哦，不！天不說話，而是藉着舜的行事而表示意思而已。」

「怎麼藉舜的行事來表示上天的意思呢？」

孟子說：

「天子能够向上天推薦人，却不能使上天給他天下；諸侯能向天子推薦人，却不能使天子給他諸侯的封位；大夫能向諸侯推薦人，却不能使諸侯給他大夫的職位。從前，堯將舜推薦給上天，上天接受了；將他公開介紹給百姓，百姓也都接受了；所以說，上天不說話，以行事來表示而已。」

萬章問：

「您說，推薦給上天，上天接受了；公開介紹給百姓，百姓也接受了。這是怎麼說呢？」

孟子說：

「讓他主持祭祀，若是百神都來享用，這表示上天接受了；叫他主持政事，所有的事情都做得很妥善，百姓也很滿意，這表示百姓接受了。上天把天下交付給他，人民也交付給他，所以說：『天子不能把天下交付他人。』舜輔佐帝堯有二十八年，這不是人力所能做到的，而是天意啊！帝堯死了，三年之喪完畢，舜爲了要使堯的兒子能够繼承天下，自己便逃到南河的南邊去。然而天下諸侯來朝見的，不到堯的兒子那裏，而到舜這裏來；打官司的，不到堯的兒子那裏，而到舜這裏來；歌頌功德的，不歌頌堯的兒子，而歌頌舜。所以說，是天意啊！這樣，舜才回到都城，登上天子之位。如果帝堯死後，舜就佔住堯的宮室，逼走堯的兒子，這便是篡位，而不是上天付予他天下了。書經泰誓篇上說：『百姓所見到的卽是上天所見到的，百姓所聽到的亦卽是上天所聽到的。』就是這個意思啊！」

孟子很清楚地指出，政權的轉移要獲得天意和民意的支持，而實際上天意就是民意，民意就是天意，並非在「民意」之外另有「天意」，所以他說：「天視自我民視，天聽自我民聽。」這古老的政治智慧，眞是歷久彌新啊！

孟子曾說過：「對諸侯而言，最寶貴的東西有三項：土地、人民、政事。諸侯若只喜歡珠寶財色的，一定會遭殃。」事實上，在「土地、人民、政事」這三項中，無疑地「人民」乃是最爲根本。人民的生命、財產、幸福、權利、教育、職業，都是需要尊重和保障的。面對當時擁有權力財富的國君，孟子毫不猶豫爲人民爭取人權。孟子，他才是一位眞正的人權鬪士！

【思考時間】

1.在任用人才方面，孟子提出了「賢者在位，能者在職」的見解，強調「人格」和「能力」並重，和今天我們強調的「廉能政治」，「廉」就是指操守廉潔，「能」就是要求行政效率，是否相同？

2.孟子的「民為貴，社稷次之，君為輕」，為民國以來嚮往民主政治的人所樂道，認為孟子具有民本思想和民主精神。試問：「民本思想」和「民治思想」是否一樣？提示：「民治」是指人民透過選舉和議會政治制度來行使政治權利。又試問：「民治思想」當然要以「民本思想」為基礎，可是有了「民本思想」而缺乏「民治思想」，那是否可以稱為「民主」呢？

第四章　抗議的聲音

自反而不縮，雖褐寬博，吾不惴焉？自反而縮，雖千萬人，吾往矣！

——孟子公孫丑篇上

一、浩然之氣

孟子到了齊國後，經常有機會和齊宣王對談，倒也可以充分地表達他的思想立場，雖然看不出齊宣王有多少納言的誠意，但起碼可以看出對孟子的尊敬。終於有一天傳出了任用孟子爲客卿的消息，弟子們都很高興。當然，這對孟子而言，也是重要的轉機。

公孫丑知道了這消息，便和孟子談起：

「假如老師在齊國當權執政，能够重新振興管仲、晏子的功業嗎？」

孟子說：

「你眞是一個齊國人，只知道有管仲、晏子而已！曾經有人問過曾子之孫曾西道：『您和子路相比，誰賢？』曾西不安地說道：『子路是我先祖敬畏的人，我那敢和他相比？』那人又問道：『那麼您和管仲相比，誰賢？』曾西馬上很不高興地說：『你怎麼竟拿我和管仲相比！管仲完全獲得齊桓公的信任，執政的時間又長，可是他只造成那麼卑下的霸業，你怎麼拿我跟這個人比！』」

孟子接着又說：

「管仲這個人，連曾西都不屑一比的，你以爲我願意嗎？」

公孫丑又問：

「管仲輔佐桓公，稱霸天下，晏子也使景公威名顯赫；像管、晏二人還不值得效法嗎？」

孟子說：

「以齊國的條件而言，要稱王天下，可說易如反掌。」

公孫丑問：

「這樣說，弟子就更不明白了。像文王的道德修養，又活了很長壽，他的教化還不能普及全天下；武王、周公繼續努力，然後才大行於天下。現在您把王天下說得那麼容易，那麼文王也不值得效法嗎？」

孟子說：

「怎麼能同文王相比呢？從商湯傳到武丁，中間出現了六、七位賢君，天下的人歸服商朝已經很久了，因此基礎穩固，不易動搖。武丁召見諸侯，擁有天下，也就很容易了。到了紂的時候，由於上距武丁還不久，前代有功的世家和善良的習俗，流風善政，還保存着；又有微子、微仲、王子比干、箕子、膠鬲ㄌㄧˋ，他們都是賢人，共同輔佐紂王，所以紂王雖然暴虐，也經歷了相當長久的時間才亡國。當時沒有一尺土地不是屬於紂王的，沒有一個百姓不是紂王的臣屬，可是文王還能藉着方百里的小國興起，所以是很艱難的。

「齊國人有句俗話說：『縱有聰明，還得趁形勢；縱有鋤頭，還得待農時。』現在的時勢要推行王政，就容易了。縱使在夏、商、周初起的年代裏，任何國家的國土也沒有超過方千里的，現在齊國却有這廣濶的土地了；鷄鳴狗叫的聲音，從首都一直到西方的國界線，處處相聞，人煙如此稠密，齊國有這麼多的百姓。國土不必再開拓，百姓也不必再增加，只要實行仁政來統一天下，就沒有人能夠阻止得了。而且統一天下的賢君不出現的時間，歷史上從來沒有這樣長久過；老百姓被暴虐的政治所折磨，歷史上也從來沒有這樣厲害過。肚子飢餓的人不苛擇食物，口舌乾枯的人不苛擇飲料。孔子說過：『德政的流行，比驛站的傳達政令還要迅速。』現在這個時候，擁有兵車萬輛的大國實行仁政，老百姓的高興，正好像倒掛着而給解救了一般。所以，『事半功倍』，只有在這個時代才行。」

孟子在這個時候的神情特別昂揚，對於在齊國實行仁政，表示了相當的樂觀。這種愉悅的心境，是踏上旅途以來所未有的。這種情形，公孫丑看在眼裏，於是在另一次的機會裏，又問道：

「老師若做了齊國的卿相，能夠實現自己的主張，從此，小則可以成霸業，大則可以成王業，那是不足怪的。如果遇到這種機會，您是否會動心呢？」

孟子說：

「不，我從四十歲以後就不再動心了。」

公孫丑說：

「這麼看來，老師比孟賁強多了。」

孟子說：

「這個不難，告子比我還早就不動心了呢。」

公孫丑說：

「不動心有方法麼？」

孟子說：

「有。北宮黝ㄧㄡ訓練勇氣時，有人刺他肌膚，他都不吭聲退卻；有人戳他眼睛，他都不眨眼逃避。他以爲若受了一點點羞辱，就好像在衆人面前挨了鞭打一樣。既不能忍受卑賤人物的侮辱，也不賣萬乘之君的帳，把刺殺萬乘之君看成刺殺卑賤人物一樣，對於各國諸侯是毫不畏懼的，而且，若是挨了斥罵，一定毫不客氣地反擊。孟施舍的培養勇氣又有所不同，他說：『我打起仗來，只知勇往直前，絕不計較勝敗。在我的心中，從不知道什麼叫失敗。如果先估量敵人的力量才前進，先考慮勝敗才交鋒，這種人若碰到數量衆多的敵人一定會害怕。我那能一定打勝仗呢？不過是能無所畏懼罷了。』總之，孟施舍的養勇像曾子，北宮黝的養勇像子夏。這兩個人的勇氣，我也不知道誰强誰弱，但從培養方法而論，孟施舍比較簡易可行。從前曾子對子襄說：『你喜歡勇敢嗎？我曾經從孔子那裏聽到關於大勇的理論：反躬自問，若是自己理屈，對方就算是穿寬大粗布衣服的卑賤人物，我能不心虛嗎？若是理直，對方縱使是千軍萬馬，我也勇往直前。這麼看來，孟施舍的養勇只是保持一股無所畏懼的盛氣，曾子却以理的曲直爲斷；孟施舍自然又不如曾子這一方法的簡易可行。」

公孫丑說：

「請問老師的不動心和告子的不動心有何不同？」

孟子說：

「告子曾經講過：『假如在言論上無法了解，便不必反求於自己的本心；若反求本心而覺得不安，那就不必求助於意氣。』我認爲，不能得到心安，便不去求助於意氣，是對的；但是若在言論文字上不能了解，便不切實體證一下，是不對的。爲什麼呢？因爲心志理想是意氣情感的主宰，而意氣情感則是充滿體內的力量。有了心志理想，隨着就會產生意氣情感。所以說：『要堅定心志理想，不要濫用自己的意氣情感。』」

公孫丑說：

「既然說，有了心志理想，隨着就會產生意氣情感。又說，要堅定心志理想，不要濫用自己的意氣情感。這是什麼道理？」

孟子說：

「心志理想和意氣情感是會互相影響的。心志理想若專注於一事，必會影響到意氣；反之，若意氣情感也專注於一事，也一定會影響心志理想。舉例來說，跌倒時，或奔跑時，只是行爲而已，但也會造成心志的浮動。」

公孫丑問道：

「請問，老師長於那一方面？」

孟子說：

「我善於分析別人的言論，也善於培養我的浩然之氣。」

公孫丑又問道：

「請問什麼叫『浩然之氣』呢？」

孟子說：

「這就很難說了。浩然之氣是一種至大至剛之氣。若以正義去培養它，不加殘害，就會充塞於天地之間。這種氣，需要正義和天理的配合；若失去了正義和天理的配合，就沒有力量了。浩然之氣是要靠不斷地行其所當爲之事，從內在所發出來的，而非偶爾做一件善事就可以產生的。只要做一件於心有愧的事，那種氣就會疲軟了。所以我說，告子不曾懂得義，因爲他把義看成是外在的東西。我們必須把義看成是心性本有，不斷地涵養它，時時留心警惕，但也不能刻意去幫助它快速成長。不要學宋國人那樣子。宋國有一個農夫，就心禾苗老是長不大，就去把禾苗都拔高了些，然後累兮兮地回家，對家裏的人說：『今天累壞了，我幫助禾苗生長了！』他兒子趕快跑去一看，禾苗已經都枯槁了。其實，天下很少不像宋人那樣去揠苗助長的。認爲養氣沒有好處便不肯去實踐，便好比是不肯揷秧除草的懶漢。知道養氣的好處，却急着幫它長大的，就好比是拔高禾苗的儍瓜，非但無益，反而有害。」

公孫丑又問：

「怎麼樣才算善於分析別人的言辭呢?」

孟子說：

「聽了別人偏執一端的言辭，就知道他的心被什麼所遮蔽；聽了別人汪洋自恣的言辭，就知道他的心被什麼所陷溺；聽了別人淆亂是非的言辭，就知道他的心已經叛離正道；聽了別人支唔閃爍的言辭，就知道他理屈的地方。這四種言辭，從心中產生出來，就會在政治上產生危害，進而危害具體的行事措施。如果聖人再出現，也一定會承認我的見解是對的。」

孟子這一番長篇大論，正具體而深入地說明了他的性格——充滿了堅守正義的道德勇氣。在被任爲客卿的時候，孟子當然是高興的，但並不因此而動心，因爲他平素卽善於自我訓練，培養「浩然之氣」。這「浩然之氣」是以每個人都具有的道德良知爲基礎，和一般所謂的「勇氣」是不一樣的。「浩然之氣」是道德的勇氣，而不是匹夫的血氣之勇。

【思考時間】

在韓非子一書裏，有「儒俠」的記載，說明戰國時代的儒家是重視勇敢的。儒家強調「智仁勇」，卽可證明。試問，儒家提倡的是什麼「勇敢」？孟子說：「文王一發怒，就使天下太平下來。」這是否也是「勇」的表現？我們常說，世界上有些大國已經喪失了「道德勇氣」，這是什麼意思呢？

二、可以革命嗎？

充滿人道精神的民本思想，是孟子所始終堅持的信念，並不因齊宣王任他爲客卿而有所改變，甚至於入仕以後，更激發了孟子的知識份子的責任感，以他那至大至剛的浩然之氣，試圖來挽救當時瀰漫權力野心的政治風氣。

此時，孟子「民爲貴」的民本思想之後，更尖銳地提出了「革命權利論」——人民在暴政之下是否保有革命的權利？

有一天，齊宣王問道：

「商湯流放夏桀，武王討伐殷紂，眞有這回事嗎？」

孟子答道：

「古書上有這樣的記載。」

宣王說：

「作臣子的殺掉他的君王，難道可以嗎？」

孟子說：

「破壞仁德的人叫做『賊』，破壞道義的叫做『殘』。這類的人，我們都叫他作『獨夫』。我只聽說過周武王誅殺了獨夫殷紂，沒有聽說過他是以臣弑君的。」

在這世界上，本來就沒有人天生就是統治別人的君王。孟子在他的民主思想裏很明白地說過，統治者的權力是要經過人民的同意。因此，當統治者追摸個人權力和利益而胡作非爲時，他已經喪失了統治者的資格，不再是「君王」，而是「獨夫」——爲百姓所唾棄而孤立的人。像這種戕賊仁義的「獨夫」，人民當然有權利起來推翻他。這是人民的基本權利。

這些話在齊宣王聽起來，當然很不是滋味。於是，宣王又問孟子關於爲公卿的道理。

孟子說：

「陛下所問的是那一種類的公卿？」

宣王說：

「公卿的種類不一樣嗎？」

孟子說：

「不一樣。有和王室同宗族的貴戚之卿，有非王族的異姓之卿。」

宣王又問：

「那麼，我先問貴戚之卿好了。」

孟子答道：

「君王若有重大錯誤，他便加勸阻；如果反覆勸阻了還不聽，就把他廢掉。改立別人。」

宣王馬上變了臉色。

孟子說：

「陛下請不要奇怪。陛下問我，我不敢不拿老實話答覆。」

宣王臉色稍爲緩和下來，又請問非王族的公卿。

孟子說：

「君王若有錯誤，便加勸阻；如果反覆勸阻了還不聽，自己就離開。」

國君犯了錯誤，或是暴虐無道，馬上會喪失了統治者的資格，可以把他廢掉，改立別人。這種義正辭嚴的言論，怎能不教宣王變了臉色呢！

可是，當戰國時代，政治秩序混亂，孟子曾感慨地說過：「世衰道微，臣弒其君者有之，子弒其父者有之。」許多有野心的臣子經常發動政變，推翻政權，結果遭殃犧牲的當然只有百姓了。公孫丑卽曾經就這方面的問題請敎孟子：

「伊尹說過：『我不願親近違背禮義的人。』因此他把太甲放逐到桐邑，百姓大爲高興。等到太甲改過向善了，又恢復他的王位，百姓也大爲高興。請問，賢人作爲臣屬，若君王不好，就可以放逐嗎？」

孟子說：

「如果有伊尹那樣的心跡，未嘗不可；如果沒有伊尹那樣的心跡，便是篡奪了。」

在這裏，孟子分別了「革命」和「造反」。如果以民意爲依歸，推翻暴政，那就是革命；如果基於權力野心，那就是造反。

孟子又有一次和齊宣王談話：

「假如有一個陛下的臣子把妻室兒女託付一位朋友照顧，自己到楚國去遊歷了。等他回來的時候，發現他的妻室兒女却挨餓受凍。像這種朋友，應該怎麼辦呢？」

宣王說：

「和他絕交。」

孟子又說：

「假如司法官不能維持法律的獨立尊嚴，那該怎麼辦？」

宣王說：

「撤職！」

孟子說：

「假如一個國君不能治理好政事，那又該怎麼辦呢？」

這時候，宣王回過頭來左右張望，故意把話題扯到別處去了。

顯然，最後一個問題所要逼出來的答案是——「撤掉他！」像這種富於進步意義的民主思想，需要極大的勇氣才能講得出來。在這裏，孟子又再度表現了他那不畏權勢的道德勇氣。

孟子就曾講過：

「和那些大人物談話，就得輕視他，不要把他高高在上的架子放在眼裏。殿堂的基礎兩三丈高，屋檐幾尺寬，我如果得志，不會這樣做。菜餚滿桌，姬妾幾百，我如果得志，不會這樣做。飲酒作樂，馳驅田獵，跟隨的車子千百輛，我如果得志，也不這樣做。這些都是我所不幹的，我所爲的都是古代聖賢的法度，有什麼好怕他們呢？」

孟子敢在萬乘之君面前高談民主思想，就是因爲他抱着堅定的道德信念，認爲使每個人都能獲得完美的自我實現，那才是最重要的事情；相形之下，人間的權勢地位，又有什麼值得羨慕呢？

孟子說過：

「有天爵者，有人爵者。仁義忠信，樂善不倦，就是天爵；公卿大夫，就是人爵。古代的人修養他的天爵，自然就會有人爵。現在的人呢，修他的天爵，是爲了取得人爵；若取得了人爵，便拋棄他的天爵。這太不明事理，終究連人爵也會喪失的。」

天爵和人爵都是值得重視的，但是取之有道，是有本末先後的。修養完美的人格，蓄積充分的能力，本即是最高的目的；若再有機會服務人羣，那就更好了。先修天爵，人爵隨之，合則雙美，若不能兼得，當然是以天爵爲重。從這一原則來看，孟子發現，許多人修養道德，只是爲了取得功名利祿的「人爵」，而在取得名利地位之後，便過河拆橋，將道德棄之不顧。像這種「僞君子」，孟子當然是毫不客氣。

更重要的孟子强調「人爵」——公卿大夫，包括天子——的擔任，應該以「天爵」——仁義忠信，樂善不倦——爲先決條件。如果不修「天爵」，人民是否可以取消他的「人爵」呢？孟子的答案是——可以。這便是孟子贊成革命的理論根據。

【思考時間】

有人認為，儒家思想是幫助統治階級的，為統治階級講話，從以上的孟子言論，這種講法合理嗎？以專制獨裁著稱的明太祖，就十分不喜歡孟子，除了刪節「孟子」一書外，還禁止祭祀孟子。其中的道理，從本節中就可以尋出若干消息了。

三、無窮的孝思

孟子任了齊國客卿後，滕國國君過世，於是宣王派孟子爲弔喪的特使前往滕國，而且還派了蓋邑的大夫王驩ㄏㄨㄢ作爲副使。當時，孟子是以精通禮數知名的。

正當孟子想有所作爲的時候，年紀老邁的母親過世了。孟母對孟子的影響很大，而孟子也事親至孝。由於客居在齊，根據禮節，是要將孟母歸葬家鄉的。

孟子歸葬完畢，回到齊國，到嬴縣，暫留下來。

弟子充虞便問道：

「承您看得起我，使我監理棺槨的製造工作，當時大家都忙碌，我雖有疑問，也不敢請教。今日才來請教：棺木似乎太好了。」

孟子答道：

「上古對於棺槨的尺寸，並沒有一定的規矩；到了中古，才規定爲棺厚七寸，槨的厚度以相稱爲準。從天子一直到老百姓，講究棺槨，不僅是爲着美觀，而且是要這樣才算盡了孝子之心。爲法制所限，不能用上等木料，當然不稱心；若能用上等木料而缺乏財力，也還不能稱心。旣有用上等木料的地位，財力又能買得起，古人都如此做了，我爲什麼不這樣呢？而且，爲了不使死者的屍體和泥土相挨，對孝子來說，難道就足以稱心了嗎？我聽說過：在任何情況下，都不應當在父母身上省錢。」

當時，對於葬禮有幾種不同的看法：儒家主張厚葬，墨家主張薄葬，道家則認爲葬禮並沒有多大意義。

例如，相傳莊子將死的時候，弟子們決定要厚葬老師。結果，莊子知道了，說：「我用天地做棺槨，用日月做雙璧，星辰做珠璣，萬物做殉葬，像這樣的葬具難道不完備嗎？有什麼比這個更好的呢？」

弟子說：

「我們是怕鳥雀老鷹把老師吃掉呀！」

莊子說：

「放在地面上會被鳥雀老鷹吃掉，埋在地下會被蟲蟻吃掉；從鳥雀老鷹那裏搶過來給蟲蟻吃，爲什麼這麼偏心呢？」

能像莊子這麼灑脫的人，大概爲數不多。不過，當時墨家站在節約的立場，就反對儒家的厚葬久喪，主張桐棺三寸的薄葬，信仰的人倒不少。

孟子從魯國歸葬回到齊國後，由於喪禮甚爲隆重，花費不少，引起一些人的議論。當時就有一位墨家信徒夷之透過孟子弟子徐辟的關係，要求見孟子。孟子說：

「我本來願意接見，不過我現在身體不太舒服，等病好了，再打算去看他，他可以不必來！」

過了一些時候夷之又要求見孟子。孟子說：

「現在可以相見了。不過，不說坦白話，眞理顯現不出，我姑且說坦白話吧。我聽說夷子是墨家信徒，墨家治喪，以節約爲原則，夷子也想用薄葬來改革天下，自然是認爲不薄葬是不足貴的；但是他自己埋葬他的父母却相當豐厚，那便是以自己所輕賤所否定的東西來對待他的父母親了。」

徐辟把這些話轉告了夷之。

夷之說：

「儒家的學說認爲，古代的君王愛護百姓就好像愛護嬰兒一般，這句話是什麼意思呢？我以爲他的意思是，人對人的愛並沒有親疏厚薄的區別，只是實行起來從父母親開始罷了。」

徐辟又把這些話轉告了孟子。

孟子說：

「夷子眞以爲人們愛他的姪兒，和愛他鄰人的嬰兒是一樣的嗎？夷子不過抓住了這一點：嬰兒在地上爬行，快要跌到井裏去了，這自然不是嬰兒自己的罪過。這時候，不管是誰的孩子，無論是誰看見了，都會去救的。夷子以爲這就是愛無次等，其實，這是人的惻隱之心。況且天生萬物，只有一個根源，夷子卻說有兩個根源，道理就在這裏。

「大概上古時曾有不埋葬父母的人，父母死了，就將他拋棄在山溝中。過了一些時候，經過那裏，看到狐狸啃食屍體，蒼蠅蚊子也咀吮着，那個人不禁額頭上流着悔恨的汗滴，移開了目光，不敢正視。這時候流汗並不是流給別人看的，實是由於內心的悔恨而流露在臉上，因此他就回家拿鋤頭畚箕再把屍體埋葬了。埋葬屍體誠然是對的，那麼，孝子仁人埋葬他的父母，自然有他的道理啊。」

徐辟把這話告訴了夷子，夷子悵惘地愣了一會兒，說道：「我懂了。」

孟子所以重視喪葬之禮，並不是把喪葬當作客觀外在的形式而已，而認爲是從內心發出來的孝親愛親的表現。孟子看到當時禮俗的澆薄，便感慨地說道：

「能奉養在世的父母，還不能算是大事；只有在父母去世時能盡哀盡禮，才可以算得上大事。」

另有一次，齊宣王表示要縮短守孝的時間。公孫丑說：

「守孝一年，不是比完全不守孝強些嗎？」

孟子說：

「這好比有一個人想扭斷他哥哥的胳臂，你却對他說，扭慢點兒吧！這怎麼可以呢？只要敎導他以孝父母敬兄長便行了。」

後來，有個王子的母親死了，王子的師傅替他請求守孝幾個月。公孫丑問道：

「像這樣的事，怎麼辦？」

孟子答道：

「這個是由於王子想要把三年的喪期守完而辦不到，那麼我上面所講的，縱使多守孝一天也比不守孝好，是針對那些沒有人禁止他守孝自己却不去守孝的人說的。」

儒家提倡三年之喪，當然是充滿了理想性，以致於當時有許多人懷疑三年之喪的合理性，尤其是墨家最爲反對。其實，早在孔子之時，孔子的弟子宰予早已質問過這個問題，認爲守喪一年就够了。孔子的答覆，是先問宰我這麼想是否心安，若心安，就守一年喪好了。在這句話裏隱含深意，因爲孔子認爲禮儀不只是形式而已，而應該有內心的眞實情感爲基礎；若沒有孝心，就是守了三年喪，又有什麼意義？所以，孔子很感慨地說：

「宰我眞是不仁啊！兒女生下來三年後，才離開父母的懷抱。那三年的喪禮，是天下通行的喪禮。宰我啊，你有沒有三年的孝心來追思死去的父母呢？」

孟子繼承了孔子的孝道思想，他在和弟子談到舜的時候，說道：

「一般人在幼小的時候，就愛慕父母；長大以後，懂得愛情，便愛慕年輕而漂亮的異性朋友；有了妻子，便迷戀妻子；做了官，便討好君主，若得不到君主的歡心，便內心焦急得發熱；只有最孝順的人才終身懷念父母。到了五十歲的年紀還懷念父母的，我在大舜身上見到了。」

「大孝終身慕父母」，孟子講出了這句千古不易的名言！孟子還有一次談論到孝道：

「侍奉誰最重要？侍奉父母最重要。守護什麼最重要？守護自己使不陷於不義最重要。自己的品格節操無所失，又能侍奉父母的，我聽說過；自己的品格節操已經陷於不義了，卻能够侍奉父母的，我從沒聽說過。侍奉的事都應該做，但是，侍奉父母是根本；守護的事都應該做，但是，守護自己的品格節操是根本。

「從前曾子奉養他的父親曾晳，每餐一定都有酒有肉；撤除的時候，一定要問，剩下的給誰；曾晳若問還有剩餘嗎，一定答道：『有。』曾晳死了，曾元供養曾子，也一定有酒有肉；撤除的時候，便不問剩下的給誰了；曾子若問還有剩餘嗎，便說：『沒有了。』意思是留下預備以後進用。這個叫做口體之養。至於曾子奉養父親，才可以稱爲順從親意之養。侍奉父母做到像曾子那樣就可以了。」

又有一次，孟子的弟子公都子問道：

「匡章，全國都說他不孝，您卻同他來往，而且相當敬重他，請問這是爲什麼呢？」

孟子答道：

「一般所謂的不孝有五種情況：四肢懶惰，不管父母的生活，一不孝；好下棋喝酒，不管父母的生活，二不孝；好錢財，偏愛妻室兒女，不管父母的生活，三不孝；縱慾享樂，使父母因此遭受恥辱，四不孝；逞勇敢，好鬪毆，危及父母，五不孝。章子犯了這五項之中的一項嗎？

「章子不過是因爲父子間相責以善，以致於把父子關係弄壞罷了。以善相責，這是朋友相處之道，父子之間以善相責，是最傷害感情的事。章子難道不想有夫妻母子的團聚嗎？就因爲得罪了父親，不能和他親近，因此把自己妻室也趕出去，把自己兒子也趕到遠方，終身不要他們侍奉。他這樣設想，若不如此，那罪過就更大了，這就是章子的爲人呢。」

從這件事可以知道，對任何人的行爲實不能輕易地下道德判斷。在下道德判斷之前，應先弄清楚事情的眞相；而且，即使眞相明白了，也要謹愼地下判斷啊！以匡章來說，是因爲父母不和，父親殺了母親，家庭發生了大變故；在變故之前，匡章曾經勸過父親，不聽，才有如此的倫常悲劇。這是無可奈何的悲劇，豈可隨便給他扣上「不孝」的罪名？

【思考時間】

1. 就喪葬之禮而言，孟子、墨子和莊子的看法各不相同，你認為那類講法較合理？古代儒家講「三年之喪」，這在今天的時代是否適宜？

2. 孟子說過：「不孝有三，無後為大。」你對這句話有什麼看法？

3. 在今天的社會上，由於受到西方文化的影響，家庭的制度和倫理也逐漸在變遷中，親子關係由要求「父慈子孝」轉化為要求「上下溝通」，這和傳統的孝道思想是否有衝突之處？

第五章　道德的理想主義

夫天未欲平治天下也；如欲平治天下，當今之世，舍我其誰也？

——孟子公孫丑篇下

一、齊人伐燕

西元前三一六年，也就是孟子仕齊爲客卿的那一年，燕國發生了政治變化——燕王噲ㄎㄨㄞ把王位禪讓給宰相子之。這件事情後來導致了齊國和燕國之間的一場戰爭，也間接促使孟子離開了齊國。

話說從頭。當燕易王時，縱橫家蘇秦與易王母后私通，後來因怕被殺，藉機到了齊國。

易王在位十二年後死了，其子燕噲即位。這時候，齊人將蘇秦殺了。蘇秦有位弟弟名蘇代，也是著名的政客，在蘇秦死後即受到齊宣王的重用。

燕噲即位三年後，曾與楚、韓、趙、魏等國聯軍攻秦，結果一戰而敗。燕噲遭到這次嚴重的挫折，聲譽下降，反而增高了宰相子之的權勢。

蘇代看到這種情勢，由於他和宰相子之的交情甚密，即藉故爲齊出使到燕國，先勸燕王噲重用子之，接着又以堯舜禪讓的美談來勸燕王將王位禪讓給子之。燕王噲果然聽信蘇代之言，將政權交給子之，自己反而北面稱臣，國事全由子之決定。

三年以後，國家大亂，百姓恐懼。將軍市被和太子平密謀討伐子之。這時候，有人勸齊宣王伐燕，必可成功。

當時，齊國上下都非常關心這件國際大事，也預感到一場戰爭的即將來臨。齊國大臣沈同就曾經私下問過孟子說：「可以討伐燕國嗎？」

孟子答道：

「可以。燕王噲不能夠以自己的意思把燕國讓給別人，他的相國子之也不能夠就這樣從燕王噲那裏接收燕國。譬如有這麼一個人，你很喜歡他，不向君王請示便自作主張，把你的俸祿官位都讓給他；他呢，也沒有君王的任命便從你那裏接受了俸祿官位，這樣可以嗎？燕王、子之的私相授受和這個例子又有什麼分別呢？」

孟子批評燕國的讓位事件，認爲並不合古代禪讓政治的本意；換言之，孟子認爲王位或官位並非是私有的，自然不能私相授受，若要轉移政權，應該以「民意」爲合法的依歸。孟子以前卽明白地講過：

「得到人民支持的才能做天子！」

「天子不能將天下授與人！」

然而，燕王噲却私自將國家授與相國子之，並沒尊重人民的意願。這是孟子不能同意的。

西元三一四年，齊宣王派人向燕太子平表示願意支持他，於是太子平聚衆起義，反抗子之所領導的政權；並派將軍市被帶兵攻打王宮。結果，將軍市被在這時候叛變，倒戈相向，反過來攻打太子平的軍隊。將軍市被戰死，太子的復國之擧也失敗了。此時，燕國陷於內戰，情勢混亂，戰死或無辜犧牲的百姓不計其數，人民在戰火離亂之下，怨聲載道，離心離德。齊宣王見時機不可錯過，於是派匡章率兵伐燕。

孟子對這次的軍事行動，本來抱着期望的。他以爲，這是宣王以仁義之師稱王天下的時候了。顯然，孟子希望齊宣王能效法周文王、武王，以弔民伐罪，拯救百姓於水火中爲政治號召，進而推行仁政於天下。

可是，事實上齊宣王只有擴張領土的野心而已，缺乏實施仁政的誠意。因此，在齊人出兵伐燕之後，有人問孟子說：

「您是否勸過齊王討伐燕國？」

孟子說：

「沒有。沈同曾經私下問過我，說：『燕國可以討伐嗎？』我答說：『可以。』他們就這樣地去打燕國了。他假若再問：『誰可以去討伐他呢？』那我便會說：『只有天吏才可以去討伐。』譬如這裏有一個殺人犯，有人問道：『這犯人該殺嗎？』我也會說：『該殺。』假若他再問：『誰可以殺他呢？』我會說：『只有司法官才可以殺他。』如今，和燕國同樣暴虐的齊國去討伐燕國，我爲什麼要加以鼓勵呢？」

齊軍進入燕國以後，勢如破竹，並沒有遭遇到頑强的抵抗，便佔領了燕國。燕王噲和宰相子之均死在這次的軍事行動中。齊國迅速地攻下了燕國，齊宣王意氣洋洋，向孟子問道：

「有些人勸我不要吞併燕國，也有些勸我吞併它。我想；以一個擁有兵車萬輛的大國來攻打同樣有兵車萬輛的大國，只用五十天便打下來了，若光憑人力是做不到的呀，一定是天意如此。如果我們不把它吞併，上天會認爲我們違反了天意，因而降下災害來。吞併它吧，您認爲怎麼樣呢？」

孟子答道：

「如果吞併以後，燕國百姓都很高興，便可以吞併它。古人曾這樣做過的，周武王便是。如果吞併它，燕國的百姓不高興，那就不要吞併它。古代也有人這樣做過的，周文王便是。以齊國這樣擁有兵車萬輛的大國來攻打燕國這樣擁有兵車萬輛的大國，燕國百姓却捧着酒飯來歡迎您的軍隊，難道會有別的意思嗎？只不過是想逃開那水深火熱的痛苦日子罷了。如果他們的災難反而更深，就會轉而盼望別人來解救了。」

最後的一句話，語重心長，才眞正是孟子所要講的。果然，齊軍以征服者的姿態出現，欺壓百姓，掠奪財貨，佔領區隱藏着反抗的危機。而且，齊國佔領燕國之後，破壞了列國之間的均勢，其他國家已經準備出兵救燕。宣王這時候着急了，便去問孟子：

「很多國家正在商議着來攻打我國，要如何應付呢？」

孟子答道：

「我聽說過，有憑藉着方七十里的國土來統一天下的，商湯就是，却沒聽說過方千里的大國却害怕其他小國。尙書記載：『商湯征伐，從葛國開始。』天下人都很信服他，因此，向東方進軍，西方國家的百姓便不高興；向南方進軍，北方國家的百姓便不高興，都說道：『爲什麼把我們排在後面呢？』人們盼望他，就好像久旱盼望雨水一樣。湯的征伐，一點也不驚擾百姓，做買賣的照樣往來，種莊稼的照樣下田。只是誅殺暴虐的國君來慰撫那些被壓迫的百姓。他的來到，正好像天上及時降下甘霖一樣，老百姓非常高興。尙書又說：『等待我們的王，他到了，我們也就復活了！』如今燕國的君主虐待百姓，陛下去征伐他，那裏的百姓認爲陛下是要把他們從水深火熱的苦難中解救出來，因此都携飯帶酒來歡迎陛下的軍隊。然而陛下呢，却殺掉他們的父兄，擄掠他們的子弟，毁壞他們的宗廟祠堂，搬走他們的國家寶器。這怎麼可以呢？天下各國本來就害怕齊國強大，現在齊國的土地又擴大了一倍，而且還是暴虐無道，這自然會招致各國興兵干涉。請陛下趕快發出命令，停止搬運燕國的寶器，再和燕國的人士協商，擇立一位燕王，然後從燕國撤退，這樣要使各國停止出兵干涉，尙且來得及。」

宣王並沒有採納孟子的意見，認爲又是老調，太迂濶不切實際。結果，燕國人民忍受不了齊國的佔領統治，紛紛起來抗暴，終於光復國土，共同擁護太子平卽位，卽是燕昭王。

這時候，宣王才想起孟子對他所說過的話，慨嘆地說道：

「我對於孟子感到非常慚愧。」

大夫陳賈在一旁聽了，便說道：

「陛下不要難過。在仁與智方面，陛下和周公比較，誰强？」

宣王說：

「吱！這是什麼話！我那敢同周公相比？」

陳賈說：

「周公使管叔監督殷國，管叔却率領殷遺民起來造反；這一結果，如果周公早已預見到了，却仍然使管叔去監督，那是他的不仁；如果周公未曾預見到，便是他的不智。仁與智，周公尙且沒有完全做到，何況陛下呢？我願意去看看孟子，向他解釋解釋。」

於是陳賈來見孟子，問道：

「周公是怎樣的人？」

孟子說：

「古代的聖人。」

陳賈又問：

「他使管叔監督殷國，管叔却率領殷遺民造反，有這回事嗎？」

「有的。」孟子答道。

「周公早就預見管叔會造反，偏要派他去嗎？」

「周公不曾預料到。」

陳賈於是說道：

「這樣說來，聖人還會有過錯嗎？」

孟子說：

「周公是弟弟，管叔是哥哥，難道弟弟能疑心哥哥會造反嗎？周公這種錯誤，難道不也是合乎情理嗎？而且，古代在上位的人有了過錯，隨即改正；今天在上位的人有了過錯，竟將錯就錯。古代在上位的人，他的過錯好像日蝕月蝕一般，老百姓個個都能看得到；當他改正的時候，個個都抬頭望着。今天在上位的人，不僅將錯就錯，並且還編出一套說辭來辯護。」

說到後來，孟子便毫不客氣把陳賈，連帶齊宣王，都斥責一番。齊人伐燕這場戰爭的戲劇終於落幕了，但是孟子從這次的政治事件看出齊宣王的不足以有爲，即在此時，孟子萌生離開齊國的想法。

【思考時間】

在這次「齊人伐燕」的軍事行動上，孟子起先抱持「弔民伐罪」的樂觀期盼，最後卻發現事實上根本不是那麼一回事，這是否說明了「弔民伐罪」只是被美化的理想？提示：「弔民伐罪」原是儒家賦予湯武革命的合理化根據，其後卻成為改朝換代時的政治號召。在政治上，理念的合理是不够的，還需要落實下來的合理。

二、撻伐戰爭販子

當齊國對燕國發動戰爭時，全國立刻進入戰時狀況。孟子在都城臨淄常常看到一隊一隊的士兵開往前線，一批一批的傷患撤到後方。戰爭，這一個古老的殘酷遊戲，永不間歇地進行着，多少的妻離子散，多少的生離死別，就在這些好戰的野心家手上導演上場。

孟子深深地爲人類的愚蠢、自私和殘忍慨嘆着，有時，忍不住還高聲痛斥這些戰爭販子：

「今天服事君主的人都說：『我能够替君主開拓土地，充實府庫。』今天所謂的『良臣』，正是古代所謂的『民賊』啊！君主不嚮往道德，無意行仁，却求使他的錢財富足，這等於使夏桀錢財富足。這些臣子又說：『我能够替君主邀結盟國，每戰必勝。』今天所謂的『良臣』，正是古代所謂的『民賊』啊！君主不嚮往道德，無意為仁，却求替他賣命作戰，這等於幫助夏桀。從目前這樣的道路走去，也不改變今天這樣的風俗習慣，縱使給他整個天下，他也是無法治理得好的。」

民賊，民賊啊！這些把自己的塑像立在千萬百姓的枯骨上的野心家，正是孟子所毫不猶豫斥責的對象。孟子甚至要求制裁這些好戰份子。

孟子有一次跟弟子談到孔子和冉求之間的一件事：

「孔子的弟子冉求做季康子的總管，季康子非常富有，可是冉求不但不改變季氏的作風，反而還幫他聚斂財富，把田賦增加了一倍。孔子當時就說：『冉求不再是我的弟子了，你們可以大張旗幟地攻擊他！』從這件事看來，不輔佐君主施行仁政，反而去幫助聚斂財富，這種人都是被孔子唾棄的，更何況那些為不仁的君主拼命作戰的人呢？這些人為爭奪土地而戰，殺人遍野；為爭奪城池而戰，殺人滿城。這些都是為了擴張土地而殺人，罪不容於死！因此，好戰的人應該判處最重的死刑，從事合縱連橫的人判處次等刑罰，而為了增加賦稅使百姓開墾草莽以盡地力的人該判處再次一等的刑罰！」

孟子說過，春秋時代就已經沒有合乎正義的戰爭，但是比起戰國時代，算是好多了。戰國時代的戰爭多半是以殲滅對方為目的之大規模戰爭，孟子便曾說過：

「仁人無敵於天下，以至仁來討伐至不仁，怎麼會造成流血成河，連木杵都漂浮起來的景象？」

用「血流漂杵」來形容戰爭，就可以想像當時戰爭的慘烈了。

如何避免戰爭呢？如何和平地統一天下呢？孟子依然提出他的「仁者無敵」論：

「有人說：『我善於戰略指揮，我善於帶兵作戰。』這眞正是大罪惡啊！一國的君主如果喜歡仁德，全天下便無敵手。商湯征討南方，北方便怨恨；征討東方，西方便怨恨，說：『爲什麼不先到我這裏來？』全天下的人都盼望商湯去解救他們。周武王討伐殷紂，帶領三百輛兵車，三千位勇士。武王對商紂的百姓說：『不要害怕！我是來安定你們的，不是同你們爲敵的。』老百姓於是都十分放心感謝。其實，『征』的意思就是『正』，各人都端正自己，做好自己的本分，那又何必要戰爭呢？」

孟子很清楚的表明反對戰爭的態度，支持他這種反戰的理由，主要是仁愛的人道主義思想。

孟子說：

「我今天才知道殺別家親人的嚴重後果。殺了別人的父親，別人也會殺他的父親；殺了別人的哥哥，別人也會殺他的哥哥。如此互相循環，彼此殘殺，雖然父親和哥哥不是被自己親手所殺，但也相差無幾了。」

立在高處，放眼四顧，只見遍地烽火，孟子的心情摻雜着悲憫、慨嘆和憤怒！從戰爭的注視中，孟子沉思着人類命運的出路。

【思考時間】

二十世紀是人類至今為止最進步的時代，但是也發生了兩次有史以來最大的世界大戰。戰後至今，東南亞、中東、非洲、中美洲，仍然戰火不熄。這說明了「戰爭」仍是人類文明的最嚴重的問題。試問，你是否像孟子一樣，思考戰爭的問題？尤其是戰爭和道德之間的問題？看過電影「現代啓示錄」嗎？該片能提供思考上的啓示。

三、土芥與寇讎

經歷過這次的伐燕戰爭，孟子當初對齊國的期望徹底地破滅了。這些執政者只爲自己的權益着想而已，全是野心家；仁政的思想，在他們看來，那是迂濶不切實際的老調罷了。或許，在孟子面前，他們還裝得一副誠懇的樣子，可是一轉到背後，便又極盡揶揄了。

在齊宣王這邊呢，也由於孟子尖銳地批評時事，甚至在戰爭期間說什麼「善戰者服上刑」，簡直是瓦解民心，打擊士氣！他想，這位老先生眞是愈來愈沒有顧忌了。前些時，還說「君有大過則諫，反覆之而不聽，則易位」，臣子都可以把國君撤換掉，眞是豈有此理！

就這樣，孟子和齊宣王的關係日漸冷淡，而孟子也於此時決定要離開齊國了。雖然想要離去，他並沒有放棄一向的原則——「惟有大人才敢指正國君的過失。」

大人，就是頂天立地的知識份子。孟子想到這裏，也就釋然而安了。

有一次，孟子和齊宣王在一起談話，談到了君臣相處的原則，說：

「如果君主把臣下看待爲自己的手足，那麼臣下就會把君主當作自己的腹心。如果君主把臣下當狗馬玩物一般看待，那麼臣下就會把君主當作路人看待。如果君主把臣下當作泥土草芥那麼輕賤，臣下就會把君主當作仇敵！」

孟子的意思很明顯，君臣之間的關係並非是單純的統御和効忠而已，而是相對的視對方的態度而定。君主固然高高在上，爲臣下的也有選擇君主的權利！因此，當時很多士人周遊列國，並不固定於一個國家或政府。

在職務上，君主當然在上位，臣子在下位；可是在人性尊嚴上，君主是人，臣子也是，這完全是平等的，豈可以上欺下呢？孟子堅持對人性尊嚴的護持！

宣王聽了，問道：

「禮制上規定，已經離職的臣下對過去的君主還得服一定的孝服，君主怎樣對待臣下，臣下才會爲他服孝呢？」

孟子說：

「上諫，君主接受了；建議，聽從了；政治上的恩澤廣被到一般百姓；若有特殊緣故不得不離開，那君主一定打發人引導他離開國境，並且派人到他所要去的那個地方先佈置一番；若離開了三年還不回來，才收回他的土地房屋。這個叫做三有禮。這樣做，臣下就會爲他服孝了。

「如今做臣下的，勸諫，不被接受，建議，不被聽從；政治上的恩惠到不了百姓；若有事情不得不離開，君主還把他綑綁起來；他去到一個地方，還想設法使他窮困萬分；離開那一天，就收回他的土地房屋。這個叫做仇敵。對於仇敵，還服什麼孝呢？」

孟子就君臣之道再加以說明，他認爲作爲君主要盡君主之道，作臣下就要盡臣子之道，那麼，什麼是君臣之道呢？孟子引了一句孔子的話說：「道二，仁與不仁而已矣。」意思是，不論爲君或臣，只看他的行爲是仁或是不仁而已。爲人臣的固然要守仁道，爲人君的也要守仁道。在地位上，君臣有上下之分；但在道德人格上，只有仁與不仁之分。道德人格才是根本的，至於現實上的權力地位，就得視其道德人格而定，並非一成不變，甚至是應該隨仁與不仁而轉移的。

有一次，孟子和弟子萬章談論到知識份子是否應該謁見當政的國君。孟子反問萬章說：

「老百姓去服役，是應該的；去謁見諸侯，却不應該。而且諸侯想見他，召喚他，是爲什麼呢？」

萬章說：

「爲的是他見聞廣博，品德高潔。」

孟子說：

「如果爲的是他見聞廣博，那便應該以他爲師。天子還不能召喚老師，何況諸侯呢？如果爲的是他品德高潔，那我也不曾聽說過想要和賢人相見却隨便召喚的。

「擧例來說，以前魯繆ㄇㄨˋ公屢次去訪晤子思，說道：『古代擁有兵車千輛的國君，若和士人交友，是怎樣的呢？』子思聽了便不高興，難道不是這樣的意思嗎？論地位，那你是君主，我是臣下，哪敢和你交朋友呢？論道理，那你是向我學習的人，怎樣可以和我交朋友呢？從這裏說來，擁有兵車千輛的國君求和士人交朋友都做不到，何況召喚他呢？

「有一次，齊景公去打獵，用裝飾著羽毛的旌ㄐㄧㄥ旗召喚獵場管理員。他不來，景公就準備殺他。有志之士不怕死無葬身之地，棄屍山溝；勇敢的人見義勇爲，不怕掉了腦袋。孔子讚美這管理員的那一點呢？就在於他不接受所不應該接受的召喚之禮。」

萬章又問道：

「召喚獵場管理員該用什麼呢？」

孟子答道：

「用皮帽子。召喚百姓用全幅紅綢做的曲柄旗，召喚士用有鈴鐺的旗，召喚大夫才用有羽毛的旗。用召喚大夫的旗幟去召喚獵場管理員，獵場管理員死也不敢去；用召喚士人的旗幟去召喚老百姓，老百姓難道敢去嗎？何況用召喚不賢之人的禮節去召喚賢人呢？想和賢人會晤，却不依循規矩禮節，就正好像要請他進來，却又關閉着大門。義好比是大路，禮好比是大門。只有君子能從這一條大路行走，由這處大門出入。詩經上說：大路像磨刀石一樣平，像箭一樣直。這是君子所行走的，小人所效法的。」

萬章問道：

「孔子，聽到國君的召喚，不等車馬駕好，自己便先走去。這樣，難道是孔子錯了嗎？」

孟子說：

「那是因爲孔子正在做官，有職務在身，國君用他擔任的官職去召喚他。」

孟子的意思很明顯，在國君這一方面，固然要尊賢禮士，態度要恭敬，不可自以爲居上位而隨便召喚賢士；在知識份子這一方面呢，當他面對執政者時，要堅執操守，不可自貶身價，甚至於拍馬鑽營。讀書人應有其道德學問上的自許，固然要貢獻給社會人羣，但一定要走大路，進大門。孟子說：「夫義，路也；禮，門也。惟君子能由是路，出入是門也。」這和孔子所說的「道二，仁與不仁而已矣」的意思是相通的。

孟子的弟子們有人認爲老師的態度似乎太矜持而迂腐了，應該懂得變通些。弟子陳代便曾經問過：

「不去謁見諸侯，似乎只是拘泥於小節吧；如今一去謁見諸侯，大呢，可以實行仁政，統一天下；小呢，可以改革局面，稱霸中國。而且古書上說：『所屈折的譬如只有一尺，而所伸直的却有八尺了，如此當然可以放心去幹。』」

孟子聽了，便將齊景公田獵召喚管理員的故事再說了一遍，接着又說：

「你說，屈折的只有一尺，所伸直的却有八尺，這完全是從利益的觀點來考慮。如果專從利益來考慮，那麼，所屈折的有八尺，所伸直的只有一尺，這也算利益吧，如此亦可以幹麼？

「從前，趙簡子命令王良替一個名叫奚的寵幸小臣駕車去打獵，整天打不着一隻鳥。奚向簡子回報說：『王良是個差勁的駕車人。』有人便把這話轉告了王良。王良說：『希望再來一次。』奚在勉强之後才答應，結果一個早晨便打中十隻鳥。他便又回報說：『王良是一個高明的駕車人啊。』趙簡子便說：『那麼，我就叫他專門替你駕車好了。』便告知王良此事，王良不肯，說道：『我給他依規矩奔馳，整天打不着一隻；我給他違背規矩駕車，一個早晨便打中了十隻。我不習慣於替小人駕車，這差事我不能幹。』駕車人尚且以和壞的射手合作爲可恥，這種合作縱然可以獵到堆積如山的鳥獸，也不肯幹。假定我們先屈辱自己的志向和主張而追隨諸侯，那又是爲什麼呢？而且你錯了，自己不端正的人從來不能使別人也端正的。」

孟子貫徹「義利之辨」的原則：應該去做的，不能因利益的考慮而縮手；反之，不應去做，更不能因利益的誘惑而去做。「有所爲而有所不爲」，這就是立身處世的原則。孟子諄諄告誡我們：自己的行爲都不合正道，怎麼能够引導別人走向正道呢？

【思考時間】

陳代勸孟子說，委曲自己一步，卻可以前進八步，從實效的觀點而言，是有利而可行的。孟子卻認為，如果完全從利益的觀點來衡量，那麼，退八步以求進一步也是可行的，因為總是前進了啊！如此一來，便沒有不能做的事，也沒有做不出來的事了。最後，便可以為了目的，不擇手段。如此，還有什麼道德人格可言？

你認為，陳代的觀點是否有可取的地方？是否和孟子的論點絕對抵觸，不可相容？每個人在生活中，幾乎都會遭遇到類似的問題，即現實利益和理想原則相衝突，這應該如何去面對和解決？

此節又可以清楚地了解孟子理想中的「君臣關係」，這和後世「君要臣死，臣不敢不死」的觀念，相差甚為懸殊。可深思之。

四、舍我其誰

孟子和宣王之間的關係，日益冷淡，很少有像以前暢談道理的機會了。有一天，孟子在家裏和弟子們談話，說道：

「王的不聰明，是沒有什麼好奇怪的。縱使有一種最容易生長的植物，曬它一天，凍它十天，還能够生長嗎？我和王相見的機會太少了，當我退了下來，那些周遭的小人又湧了上去。如此，他縱有向善之心，我又能够怎麼辦呢？

「譬如下棋這種小玩意兒，如果不專心一志，便不能獲勝。舉例來說，奕秋是全國的下棋聖手，假如他同時教授兩個人，其中有一個專心致志，只聽老師的教導；另一個呢，雖然也聽着，心裏却又想着，秋天到了，該是帶弓箭去射野雁的季節了。這樣，縱使和那人一道學習，他的成績一定不如人家。是因爲他的聰明才智不如人家嗎？當然不是。」

齊宣王並不是昏庸的君主，可是孟子認爲他的心志不堅，容易受到周遭小人的影響，因而無法實行仁政。孟子顯然是拿奕秋來比喻自己，而宣王就是那位老想射野雁的學生，如此怎麼學得成呢？

不久，孟子準備去朝見齊宣王，恰巧宣王也派人前來，說道：

「我本來要來看您，但是感冒了，不能吹風。如果您肯來朝，我就臨朝見您，不曉得能否看到您？」

孟子答道：

「不幸得很，我也生病，不能上朝。」

第二天，孟子要到東郭大夫家裏去弔喪。公孫丑就說：

「昨天託辭有病謝絕王的召見，今天又去弔喪，這樣不太好吧？」

孟子說：

「昨天生病，今天好了，爲什麼不去弔喪呢？」

孟子出門以後，正好齊宣王派人來問病，並且也派醫生同行。

孟仲子出來應付說：

「昨天陛下有命令來，他生了小病，無法上朝。今天剛好了一些，已經上朝去了，但是我不曉得他能否到達。」

接着，孟仲子派了好幾個人分別在孟子歸途上攔截，告訴孟子說道：

「您無論如何不要回家，一定要趕快上朝去！」

孟子沒辦法，只得躲到景丑的家歇宿。

景丑說：

「人與人之間最重要的關係，在家是父子，在外是君臣。父子之間以慈愛爲主，君臣之間以恭敬爲主。我只看見陛下對您很尊敬，却沒看見您對陛下是怎麼恭敬的。」

孟子說：

「哎！這是什麼話！在齊國人中，沒有一個拿仁義之言向王進說的，他們難道以爲仁義不好嗎？不是的。他們的心理是這樣想：『這個君王那能夠得上和他談仁義呢？』他們對王就是這樣的。這才是最大的不恭敬呢！我呢，不是堯舜之道不敢拿來向王陳述，所以在齊國人中沒有一個趕得上我這樣對王恭敬的。」

景丑說：

「不，我所說的不是指這個。禮經上說過，父親召喚，『唯』一聲就起身，不說『諾』；君主召喚，不等待車馬駕好就先走。您呢，本來準備朝見王，一聽到王的召見，反而不去了，似乎和禮經所說的不相合吧！」

孟子說：

「原來你說的是這個呀！曾子說過：『晉國和楚國的財富，是我們趕不上的。但是，他有他的財富，我有我的仁；他有他的爵位，我有我的義，我爲什麼覺得比他少了什麼呢？』這些話如果沒有道理，曾子難道肯說嗎？大概是有點道理的。天下公認爲尊貴的東西有三樣：爵位、年紀、道德。在朝廷上，先論爵位；在鄉里中，先論年紀；至於輔助君主統治百姓自然以道德爲最上。他那能憑着爵位來輕視我的年齡和道德呢？所以大有作爲的君主一定有他年高德劭的臣子，若有什麼事要商量，就親自到他那裏去。尊尙道德和樂行仁政，如果不這樣，便不足和他有所作爲。因此，商湯對於伊尹，先向伊尹學習，然後以他爲臣，於是乎不大費力氣就統一了天下；桓公對於管仲，也是先向他學習，然後以他爲臣，於是乎不大費力氣就稱霸於諸侯。現在，各個大國的土地是一般大小，行爲作風也不相上下，彼此之間誰也不能凌駕在誰之上，沒有別的緣故，正是因爲他們只喜歡以聽從他的話的人爲臣，却不喜歡以能够教導他的人爲臣。商湯對於伊尹，桓公對於管仲，就不敢召喚。管仲還不可召喚，更何況連管仲都不願去做的人呢？」

從這段話裏，我們可以明白孟子的態度，並非矯情矜持，而是有其原則上的堅執——「彼以其富，我以吾仁；彼以其爵，我以吾義，吾何慊ㄑㄧㄝ乎哉？」面對現實上的政治勢力，孟子以其浩然之氣的大勇，始終認爲道德原則高過於現實政治，現實政治應該接受道德原則的指導。這便是儒家所謂「道統」應該高於「政統」的道理。

孟子覺得在齊國已經不可爲了，於是便向宣王提出辭呈，準備回家。宣王知道了以後，便親自到孟子的寓所去見孟子，說道：

「過去希望看到您而不能，後來終於有幸能夠在一起，我因而感到很高興；現在您又將離我遠去，不知我們以後還可以相見嗎？」

孟子答道：

「這原是我的希望，只是不敢勉強罷了。」

過了些時，齊王對時子說：

「我想在臨淄城中給孟子一幢房屋，用萬鍾之粟來養活他的門徒，使我國的官吏和人民都有所效法。你何不替我向孟子談談！」

時子便託陳子把這話轉告孟子，陳子也就把時子的話告訴了孟子。

孟子說：

「嗯，那時子怎麼曉得事情做不得呢？假若我是貪圖富貴財富，辭去十萬鍾的俸祿却來接受這一萬鍾的賜予，這難道是貪圖財富嗎？」

孟子堅定地拒絕了宣王的建議，決心要離開齊國。

西元前三一二年，孟子年六十一歲左右，終於離開了齊國的都城臨淄，向西南方向行走，準備返回故鄉。行走了一天，到了晝縣這個地方，停下來過夜休息。

那時，有位先生想替齊王挽留孟子，就去拜訪孟子，恭恭敬敬地坐着對孟子說話，孟子却不理會，伏在靠几上睡着了。

那人很不高興，說道：

「我在準備會見您的前一天便整潔身心，今天同您說話，您却睡著覺，也不聽我的，以後再也不敢同您相見了。」

說着，便起身要走。

這時候，孟子才起身說道：

「坐下來！我明白地告訴你。過去，魯繆公怎樣對待賢人呢？他如果沒有人在子思身邊，就不能使子思安心；如果泄ㄒㄧㄝ柳、申詳等賢者不在魯繆公身邊，也就不能使自己安心。你替我這個老頭考慮，連子思怎樣受魯繆公對待都想不到，不去勸說齊王改變態度，却用空話留我，這樣，是你跟我決絕呢，還是我跟你決絕呢？」

離開齊國，對孟子來說，是一次重大的決定。他原本對齊國抱着很大的希望，如今希望幻滅了，內心却感到無可奈何的矛盾和痛苦。他在晝縣歇了三夜，遲遲而行，是多麼希望齊宣王能及時悔悟啊。但是，不可能了。孟子終於又踏上旅途，出了國境。

那時候，有一個齊國人尹士在別人之前批評孟子道：

「不曉得齊王不能夠做商湯、周武王，那是孟子的糊塗；曉得他不行，然而還要來，那是孟子的貪求富貴。老遠地跑來，不相融洽而走，在晝縣歇了三夜才離開，爲什麼這樣慢騰騰的呢？我對這種情況很不高興。」

高子便把這話轉告了孟子。

孟子說：

「尹士那能瞭解我呢？老遠地來和齊王相見，這是我的希望；不相融洽而走，難道也是我所希望的嗎？只是不得已罷了。我在晝縣歇宿了三夜再離開，在我心裏還以爲太快了，我這麼想：王也許會改變態度的；王假如改變態度，那一定會把我召回。我離開晝縣，王還沒有追回我，我才無所留戀地想回到家鄉。縱是這樣，我難道肯拋棄齊王嗎？齊王雖然不能成爲商湯、周武王，也還可以好好地幹一番；齊王假若用我，何止齊國的百姓得到太平，天下的百姓都可以得到太平。王也許會改變態度的！我天天盼望着啊！我難道是這樣小器的人嗎？向王進勸諫之言，王不接受，便大發脾氣，滿臉不高興；一旦離開，非得走到精疲力竭不肯住脚嗎？」

孟子毫不掩飾地表達了他的希望，也顯出了他內心的矛盾和惆悵。追尋理想的旅途眞是艱困啊！孟子不禁又嘆息了一聲。他的弟子充虞看到了老師的心情不開朗，便問道：

「您似乎是不太快樂的樣子。從前，我聽您說過：『君子不怨天，不尤人。』今天，您又爲什麼如此呢？」

孟子說：

「我說那句話的時候，和現在的情況不同。從歷史上看來，每隔五百年一定有位聖君興起，而且還會有命世之才從中出現。從周武王以來，到現在已經七百多年了。論年數，超過了五百；論時勢，現在正該是聖君賢臣出來的時候了。天若不想使天下太平便罷了，若想使天下太平，在今日的社會上，除開我，還有誰呢？我爲什麼不快樂呢？」

【思考時間】

1. 孟子最後說道：「如欲平治天下，當今之世，舍我其誰也？」這當然是孟子的自我期許。問題是，這只是聊以解嘲的空言大話呢？或是表現出孟子對歷史時代的擔當勇氣和使命意識？

2. 你能體會到孟子將要離開齊國時的心情嗎？聖賢人物是否也會感受到現實挫折時的矛盾、憂傷，甚或怨忿不平？我們總習慣仰望偉大的人物，將他們當作銅像看待，而忽略了他們也有喜怒哀樂的生命表現。

第六章 人性的辯論

惻隱之心，人皆有之；羞惡之心，人皆有之；恭敬之心，人皆有之；是非之心，人皆有之。惻隱之心，仁也；羞惡之心，義也；恭敬之心，禮也；是非之心，智也。仁義禮智，非由外鑠我也，我固有之也，弗思耳矣。

——孟子告子篇上

一、被遺忘的良知

當初孟子剛到齊國，見了齊宣王，宣王曾經問道：「像我這樣的人，能夠使百姓的生活安定嗎？」孟子回答說：「可以。」他便舉出宣王不忍心看到牛被拉去屠宰祭鐘的事情，强調宣王具有不忍的仁心，而「不忍之心」正是王政的基礎。在這裏，已經可以看出孟子性善論的萌芽了。

在政治上，孟子希望執政者實行仁政；在個人上，孟子希望每個人都可以成就完美的聖賢人格。問題是，實行仁政和成就聖賢人格是可能的嗎？若可能，又有什麼根據呢？一問到「根據」，就觸到了孟子思想的深處。孟子經過深刻的思考和體證之後，終於提出了性善說。

孟子說：

「每個人都有不忍人之心。先王有不忍人之心，因此才有不忍人之政。以不忍人之心，行不忍人之政，治理天下就很容易了。

「我所以說每個人都具有不忍人之心，道理在於，譬如現在有人突然看到一個小孩子要跌到井裏去了，任何人當下就會湧起驚駭同情的心情。當時馬上產生這種心情，並不是爲了想和小孩的父母攀交情，不是爲着要在鄉里朋友中博取名譽，也不是怕人家指責他不敢見義勇爲，而純粹是自內心發出惻隱之情。

「從這裏看來，如果一個人沒有惻隱之心，簡直不是人；沒有羞惡之心，沒有辭讓之心，沒有是非之心，都不是人。惻隱之心，是仁的開端；羞惡之心，是義的開端；辭讓之心，是禮的開端；是非之心，是智的開端。人有這四種開端，就好像有手足四肢一樣，是原本所具有的。有這四種開端卻自認爲做不到仁義禮智，這是自暴自棄；認爲他的君主做不到，便是暴棄他的君主。

所有具有這四種開端的人，如果曉得把它們擴而充之，便會像剛燃燒的火，終必旺盛起來；像剛流出的泉水，終必滙爲江河。假若能够擴充，便足以安定天下；假若不擴充，讓它消失，那麼便連侍奉父母都辦不到。」

孟子指出，仁政的基礎在於人人具有的仁心。仁心是人人所本有的，只是一般人不去察覺發用而已。人雖具有仁心，但那只是一點點的萌芽，需要好好的愛護保持，然後再進而擴充培養，才能成爲具有完美人格的人。

孟子首先强調，向善之心卽是人人所原有的「良知」和「良能」。他說：

「人所不待學習便能做到的，這是『良能』；所不待思考便知道的，這是『良知』。兩三歲的小孩沒有不愛他父母的，等到長大，沒有不知道恭敬兄長的。親愛父母是仁，恭敬兄長是義。只要人人具有仁義，便可安定天下。」

前面說的「惻隱之心」、「羞惡之心」、「辭讓之心」、「是非之心」，都是人人所本有的「良知」、「良能」。接著，孟子强調「良知」是人所以爲人的特質。

孟子說：

「人之所以異於禽獸的地方只那麼一點點，一般人連這麼一點點差異的地方都捨棄，只有品德的君子保存了它。舜懂得事物的道理，了解人類的常情，因爲他根據本性所具有的仁義而行，不是將仁義當作外在的道德規範。」

希臘哲學家亞里斯多德便曾說過：「人是理性的動物。」說明人和動物的差別，乃在於人具有理性。孟子則指出，人和禽獸的差別，在於人具有道德良知。這差別只是那麼一點點而已，因此爲君子或爲小人，就要看是否能把持這一點點的差別，並加以擴充培養。

孟子在另外的地方，也說過同樣的道理：

「舜住在深山的時候，和樹林山石、山猪野鹿一起生活，跟深山中的野蠻人沒什麼不同；等到他聽到一句善言，看到一件善行，馬上觸發了他的內在善性，便立志向善，這種力量好像江河決了口，聲勢洶湧，沒人能阻擋得了。」

這是說，像舜這麼偉大的人格，他本來和野蠻人是沒什麼差別的，差別的只是那潛藏在內的向善之心。等到他發現了自己的向善之心，便勇往向前，毫不動搖，終於成就了聖賢人格。

孟子告訴我們，人人都具有天生的善良之性，只看我們是否願意去發揚光大它。人生最重要的，莫過於形塑自己的人格，而人格有君子和小人之分，要成爲君子呢？或成爲小人呢？全在於平時是否常做反省的工夫，存養那偶爾浮現的惻隱之心、羞惡之心、辭讓之心和是非之心。

人性本善，只是大家都遺忘了，如今孟子再度地提醒我們，應該回頭識取自己本有的寶藏——良知！

【思考時間】

你是否思考過人性的問題？對人性的看法，是否會影響到對人生、社會的態度？比如說，當你看到有人蠻橫不講理，或欺侮弱小，或搶奪詐騙等等，會不會因而認為人性太惡劣了？進而對整個人類和世界也都悲觀起來了？這種想法，和孟子的性善說有沒有衝突呢？或是，兩種不同的講法都可以同時存在？

二、人性本善嗎？

在變遷劇烈的時代裏，一切都動搖了；信仰動搖了，理想動搖了，價值動搖了，對人性的信念也動搖了。這個世界有希望嗎？人類的前途有希望嗎？歸結到底，就要問到人性的本質。如果人性有向善的可能性，才能對人類和社會表示樂觀；如果在人性裏連向善的可能性都沒有，那麼一切的前途也就虛無渺茫了。

在孟子的時代裏，開始對人性有了自覺的反省。人性是善呢？惡呢？還是可善可惡？抑是無所謂善惡？當時，有位思想家名叫告子，便力倡「人性無善無不善」之說，和孟子的性善說相對抗。有一天，孟子的弟子公都子便和孟子談起：

「我聽告子說，人性無善無不善；也聽其他人說，人性可以爲善，可以爲不善，得視後天的環境而定。所以像周文王、武王的聖君一出現，老百姓便趨於善良；而像周幽王、厲王這種暴君在位，百姓也就趨向橫暴。又有人說，人性的善惡並不一定，有些人本性善良，有些人本性不善良；因此以堯這樣的聖人為君，卻有象這樣不好的百姓；以瞽ㄍㄨ瞍ㄙㄡ這樣壞的父親，卻有舜這樣好的兒子；以紂這樣惡劣的姪兒，而且為君王，卻有微子啓、王子比干這樣好的仁人。如今老師說本性善良，那麼，難道他們都錯了嗎？」

孟子說：

「從天生的資質來看，可以使人為善，這便是我所謂的人性本善。至於有些人不善良，並不能歸罪於他的本性。惻隱之心，每個人都有；羞惡之心，每個人都有；恭敬之心，每個人都有；是非之心，每個人都有。惻隱之心就是仁，羞惡之心就是義，恭敬之心就是禮，是非之心就是智。這仁義禮智，不是由外在環境給我的，是我本來就具有的，不過不去反省挖掘罷了。所以說，『一經探求，便可以獲得；一經放棄，便會喪失。』這就是指人性而言。人與人之間的差別，有的相差一倍、五倍甚至無數倍的，這是不能充分發揮他們的本性的緣故。詩經上說：『天生眾民，每一樣事物，都有它的法則。百姓把握了那些不變的法則，於是喜愛優良的品德。』孔子說：『這篇詩的作者眞懂得道啊！』天地萬物都有其法則，百姓把握了這些不變的法則，所以喜愛優良的品德。」

對於性善說的質疑，往往是基於經驗的觀察，換句話說，從人的行爲表現上，發現有善有惡，或是可善可惡，因而斷定人性卽是有善有惡，或是可以爲善，也可以爲惡。但是，孟子並不是從這一層面來討論人性。他認爲，人是有爲善的可能性，這可能性雖然並不特別顯明，却爲是否能成就品格完美的根據。這向善的可能性，內在於每個人的生命裏，十分珍貴。一般人常忽略了自己所擁有的寶藏，不去反省，也不去自覺。因此，孟子說：「仁義禮智，非由外鑠ㄕㄨㄛ我也，我固有之也，弗思耳。」孟子一再地强調，人是否爲善，成就道德人格，乃決定於自己，因爲每一個人都擁有成聖成賢的內在可能性。

人性既是本善，可是這世界上爲什麼有罪惡呢？有人會說，爲善當然有爲善的人性根據，然而，爲惡是否也有爲惡的人性根據呢？孟子也曾思考過這問題，他說：

「豐收年成，少年子弟多半懶惰；災荒年成，少年子弟多半凶暴。這並不是天性如此不同，而是環境使他們迷失了本性。拿大麥作比喻吧，播了種，翻了土，如果地質一樣，播種的時節也一樣，便會蓬勃地生長，遲到夏至，都會成熟了。縱有所不同，那是由於土地的肥瘠，雨露的多少，人工的勤惰不同的緣故。所以，一切同類的事物，無不大體相同，爲什麼一講到人類便懷疑了呢？聖人也是我們的同類。龍子曾經說過：『不看淸脚樣去編草鞋，我準知道不會編成筐子。』草鞋的相近，是因爲各人的脚大體相同。

「口對於味道，有相同的嗜好；美食家易牙比我們先掌握到人的口味嗜好。假使口對於味道，人人不同，而且像狗馬和我們人類本質上的不相同一樣，那麼，憑什麼天下的人都追隨著易牙的口味呢？一講到口味，天下都期望做到易牙那樣，這就說明了天下人的味覺大體相同。耳朵也如是。一講到聲音，天下都期望聽到音樂家師曠所欣賞的音樂，這就說明了天下人的聽覺大體相同。眼睛也如此。一講到美男子子都，天下人沒有不知道他的英俊。不認爲子都是英俊的，那是沒有眼光的人。

「所以說，口對於味道，有相同的嗜好；耳對於聲音，有相同的聽覺；眼睛對於容色，有相同的美感。談到人心，就獨獨沒有相同之處嗎？人心相同之處是什麼呢？是理，是義。聖人早早就得到了我們本心共同的理義。所以理義之使我心歡娛，正如魚肉合乎我的口味一般。」

孟子指出，人所以爲惡，那是環境「陷溺其心」的緣故。如果忽略了環境對人格成長的影響，而否定了人有向善的可能性，那是不合理的。

在冗長的議論中，孟子一再强調——「聖人，與我同類者。」這是表示對人性的樂觀，表示人人都有成聖成賢的可能，而這正是人之爲人最珍貴的地方。

俗語常說，「人同此心」，到底何處相同？孟子在這裏告訴我們：「心之所同然者何也？謂理也，義也。」理義就是人心所本有的，只是「弗思耳」。

可是，當時另一派的思想家——告子，却認爲人的本性是不分善惡的，既可爲善，也可爲惡。有一次，他便和孟子辯論有關人性的問題。

告子說：

「人性好比是急流，從東方開了缺口便向東流，從西方開了缺口便向西流。人性不分善與不善，正如同流水不一定向東流或向西流。」

孟子反駁道：

「流水誠然沒有東流或西流的定向，難道也沒有向上或向下的定向嗎？人性本善，正好像水向下流一般。人沒有不善良的，就好像水沒有不向下流的。當然，拍擊水使它跳起來，可以高過額角；築擋起來，便可以使它逆流於山上。試問，這難道是流水的本性嗎？形勢使它如此的。環境可使一個人做壞事，本性的改變正是這樣。」

孟子的時代是大辯論的時代。思想家們爲了把自己的那一套思想表達出來，並博得他人的贊成，因而非常注重辯論的技巧。從孟子和告子之間的辯論，便可以見到當時智者們的言辯風采。他們擧出許多意象鮮明的譬喻，其目的不外是爲了增强說服力而已。最重要的，還是藏在文學性譬喻背後的思想立場。

有一天，孟子和告子又碰在一起，自然又熱烈地辯論起來。告子說：

「天生的資質就是人性。」

告子的意思是，人生下來便具有的本能就是人性。孟子當然不能同意，因此反問道：

「天生的本能叫做人性，好比一切東西的白色都叫做白嗎？」

「是的。」告子答道。

「那麼，白羽毛的白猶如白雪的白，白雪的白猶如白玉的白嗎？」

「是的。」

孟子接著又問道：

「這麼說來，狗性猶如牛性，牛性猶如人性嗎？」

在這場辯論上，孟子顯然稍微佔了上風，但並沒有眞正說服告子。孟子運用辯論的技巧，以層層的套問，把告子逼進思考的死巷裏，可是問題依舊沒有獲得眞正解決。

在另一次的機會裏，兩人又再度各逞舌鋒，力抒己見。

告子說：

「人的本性好比是杞(ㄑㄧˇ)柳樹，義理好比是杯盤；把人性納於仁義，正好比用杞柳樹製成杯盤。」

孟子說：

「您是順著杞柳樹的本性來製成杯盤呢？還是毀傷杞柳樹的本性來製成杯盤呢？如果要毀傷杞柳樹的本性然後才製成杯盤，那也要毀傷人性然後才能成就仁義嗎？率領天下之人來損害仁義的，一定是您的這種論調！」

告子認爲人性只是素樸的材質，得透過後天的教育轉化，才能完成道德人格，開展文化領域。孟子則認爲人性已含有向善的種子，只要適加培養，自然就可以成就美善的人格。孟子將向善的可能性看成無比重要。如果把「性」字拆開來看，左邊是「心」，右邊是「生」；「心」是人類的理性與良知，而「生」是天生本有的材質，包括生理和心理的本能。孟子的「性善說」即就「心」立論，認爲人人具有認知理性和道德良知；而告子的人性論則就「生」立說，認爲人性就是天生的諸本能，無所謂善惡，然而可塑性很大，可因環境或教育而爲善或爲惡。

根據他的人性論，告子又提出了「仁內義外」說。孟子當然又不同意。在這之前，孟子早就說過了——「仁義禮智，非由外鑠我也，我固有之也，弗思耳。」「心之所同然者何也？謂理也，義也。」告子則提出不同的看法：

「飲食男女，這是人性。除了這些自然的本能外，在行爲上，『仁』是內在的東西，不是外在的東西；『義』是外在的東西，不是內在的東西。」

孟子說：

「什麼是『仁內義外』呢？」

告子說：

「舉例來說，因爲老者的年紀大，於是我便尊敬他，尊敬之心不是我所預有，好比外物是白的，我便認它爲白色之物，這是由於外物之白而我加以認識的緣故，所以說是外在的東西。」

孟子說：

「白馬的白和白人的白，或者無所不同，但是不知道對老馬的憐憫心和對老者的恭敬心，是否也沒有什麼不同呢？而且，您說，所謂義，在於老者呢？還是在於尊敬老者的人呢？」

答道：

「是我的弟弟便愛他，是秦國人的弟弟便不愛他，這是因我自己的關係而高興這樣的，所以說仁是內在的東西。恭敬楚國的老者，也恭敬我自己的老者，這是起於外在的老者的緣故，所以說義是外在的東西。」

孟子說：

「喜歡吃秦國人的燒肉，和喜歡吃自己的燒肉並無所不同，各種事物也有如此的情形；那麼，難道想吃燒肉的心也是外在的東西嗎？」

告子認爲親人之間的感情是「仁」，像母鷄愛護小鷄一般，這種親情是原始與自然的，因此，告子認爲「仁」是內在的東西。而「義」則是社會上的倫理道德規範，用來建立和維持社會的倫理秩序，像敬老尊賢，因爲對方是老者、賢者，我們才去尊敬他們；換句話說，我們的尊敬之心是由於對方是外在的老者、賢者而引起的，因此，告子認爲「義」是外在的東西。

孟子則認爲仁、義、禮、智，全內在於本性。試想，如果人不具有敬老尊賢的內在根據，那麼，面對老者長輩時，又怎麼會去尊敬他們呢？即使是由於環境教育的緣故，那也只是教導我們識取本有的仁義之心而加以擴充發展而已。孟子在這裏，明確地肯定了仁義內在的性善說。

【思考時間】

從本節的論辯中，你認為告子的人性論——生之謂性，食色性也——合理嗎？告子說，人性就是天生的本能，在生理上要求食飽、衣暖、傳宗接代，在心理上要求安全、生存，都是無所謂善惡的。這種論調是不是合於今天科學（如心理學）的講法？

而孟子卻不就本能來肯定性善，而就是否「應該」為善來肯定性善。雖然人不盡為善，但是如果人人都認為人「應該」為善，那麼，就此向善之心而言，人便已經具有為善的可能根據。這就是性善。

一則討論人的本能「是不是」善的，另則討論人「應不應該」為善。這即是孟子和告子的辯論關鍵。你仔細思考之後，能否提出自己的看法？有什麼理由支持你的看法？

三、尋回那迷失的本心

對於人性的看法，孟子是就「人之異於禽獸」的「幾希」處來肯定人類向善的可能性。人類當然也具有生理慾望和心理感情，但這也是動物所擁有的，豈能謂之人性？只有道德行為、知性活動，和其他屬於文化層次的活動，才使人類成為萬物之靈。據此孟子提出了「性」、「命」之分：

「口的對於味道，眼的對於色彩，耳的對於聲音，鼻的對於氣味，手足四肢的喜歡舒服，這些生理感官的作用，都是人性，但因為是天生如此，是被決定的——命，所以君子不認為是人性。仁在父子之間，義在君臣之間，禮在賓主之間，智慧的對於賢者，聖人的對於天道，並不是人人都會做到，所以說是『命也』，但是由於人人都有做到的可能性，因此君子不認為是『命』。」

這一段話的意思，在於「實然」與「應然」的分別。生理感官的作用是天生如

此，稱爲「實然」，或「命」，因而並不能在這上面肯定價値；仁義禮智則非現成就有的，而是人類從理性與良知所發展擴充出來的，也是人類認爲「應該」肯定的價値，因此稱爲「應然」，孟子卽從這裏來規定「性」的涵義。

可以說，告子的人性論是常識性的，而孟子的人性論則較遠於常識，也因此較難了解其眞義。由於孟子一直強調人類向善的可能，那麼，我們可以提出另一個重要的質疑：「惡」是怎樣產生的？孟子卽曾經擧「牛山之木」來說明：

「國都臨淄南方的那座牛山，曾經林木茂盛，蒼蒼鬱鬱。然而因爲靠近都城的緣故，常用斧頭去砍伐，試想，這還能够茂盛嗎？當然，日夜不斷地生長，加上雨水露珠的潤澤，並不是沒有長出新條嫩芽，但接着放羊牧牛的又糟蹋了一番，所以變成那樣光禿禿了。大家看見那光禿禿的樣子，便以爲這座山不曾長過大樹木，難道是這座山的本性嗎？同理，在某些人身上，難道沒有仁義之心嗎？他之所以喪失他的善良之心，也正像斧子對於樹木一般，天天去砍伐它，還能够茂盛嗎？他在夜裏發出來的善心，在天剛亮時所升起的清明之氣，這些在他心裏所激發出來的好惡跟一般人也有一點點相近。可是一到了白天，所行所爲又把淸明之氣消滅了。這樣反覆地斲喪，那麼，他夜來良知所發出的善心自然不能存在；夜來良知所發出的善心不能存在，便和禽獸相距不遠了。別人看到他是禽獸，因之以爲他不曾有過善良的本性，這難道也是他的本性嗎？所以，假若得到滋養，則沒有不生長的東西；失掉滋養，則沒有不消亡的。孔子說過：『抓住它，就存在；放掉它，就亡失；出出進進沒有一定時候，也不知它何去何從。』這是指人心而言啊！」

山林原應是蒼翠茂盛，生機盎然，但是我們爲什麼還會看到光禿禿的山頭？孟子指出，這是由於人爲因素所造成的環境破壞與汚染，導致生態失常。同理，人性本善，而社會上之所以仍有許多犯罪案件，並非有人天生是壞人，而是這些人的環境引導他變壞，這些人不曾接受正常的教育，不懂得培養自己原有的向善之心，才會陷入罪惡的淵藪ㄙㄡ。孟子說，絕不是有人天生沒有良心，而是他們「放失」了良心而已。所以孟子告訴我們，如果良心已經放失了，就要趕快找回來！

在其他地方，孟子亦一再警告人們，不要忘了「求其放心」（把放失的良心找回來）！孟子說：

「仁，是人的心；義，是人的路。放棄了那條正路而不走，喪失了那良心而不曉得去找，可悲得很啊！當一個人的鷄狗走丢了，便曉得去尋找；可是，當他的良心喪失了，卻不曉得去找回來。學問之道沒有別的，就是把那喪失的良心找回來罷了！」

孟子很沉痛地指出，時代的危機根本不只在經濟或政治上，重要的是人的心靈出了毛病。大家把本有的良心弄丢了都不曉得，成爲「沒有良心的人」，那還不可悲嗎？孟子慨嘆人們會照顧自己的生活和身體，却忘了最重要的心靈寶藏。他說：

「現在有個人，他的無名指彎曲而不能伸直，雖然不痛苦，也不妨礙工作，如果有人能够使它伸直，那麼就是走遠路到秦國或楚國去求醫，他都不嫌遠，只爲了無名指不及別人。無名指不及別人，就知道厭惡；心性不及別人，却不知厭惡，這眞是不懂得輕重啊！」

又說：

「一兩把粗的桐樹梓樹，假若要使它長大，都曉得如何去培養。至於本人，却不曉得如何去培養，難道愛自己還不及愛桐樹梓樹嗎？只是不去反省罷了！」

人總是懂得愛惜自己，問題是愛惜什麼呢？愛惜名利？生理感官的享受？或是還有更值得愛惜的東西？

有一天，公都子便問道：

「同樣是人，有些人是君子，有些人是小人，什麼緣故？」

孟子說：

「以大體——良知——爲主宰的，就是君子；以小體——軀體慾望——爲主宰的，就是小人。」

公都子又進一步問道：

「同樣是人，爲什麼有人以良知爲主宰，有人以軀體慾望爲主宰？」

孟子說：

「耳朶眼睛這類的感官不能自作主宰，常爲外物環境所蒙蔽。外物紛紜，互相牽連，便一往向下而陷溺墮落了。良知的作用就是反省思考，人要是反省思考，便能讓良知主宰，要是不反省便不能。良知是上天給我們的。因此，只要先挺立起良知（大體），那麼，感官慾望（小體）便不會因過度放縱而奪去良知了。這樣便可以成爲君子。」

在這次的對話中，孟子明白地表示，君子與小人之分，惟在於以良知爲主宰或以慾望爲主宰。而爲什麼有人會受到慾望的奴役而不可自拔呢？孟子於此便指出了罪惡的根源，在於良知不顯，放縱慾望，而慾望因受到外在環境的不斷刺激，愈滋愈盛，終於泛濫成災，不可收拾。酒色的沉迷，以及因之而起的犯罪事件，莫不如此。所以，孟子大聲疾呼：「先立乎其大者，則其小者不能奪也。」

關於這道理，孟子曾經再詳細地解說：

「人對於身體，那一部分都愛護。都愛護便都保養。沒有尺寸的肌膚不愛護，便沒有尺寸的肌膚不保養。看他護養得好不好，難道有別的方法嗎？只看他所注重的是身體的那一部分罷了。身體有貴賤大小之分，不要以小害大，以賤害貴。養其小者爲小人，養其大者爲大人。假若有一位園藝家，放棄梧桐梓樹，却去栽培酸棗荆棘，那就是很壞的園藝家。如果有人只保養他的一個手指，却要喪失了肩頭背脊，自己還不明白，那便是糊塗透頂的人了。只是講究吃喝的人，人家都輕視他，因爲他養小以失大。如果講究吃喝的人不影響他的良知發用，那麼，吃喝的目的難道僅僅爲了口腹之慾嗎？」

首先，我們要肯定君子與小人之分。在人格層次上，君子是高過於小人的；我們的人生目標當然是成爲智德兼修的君子，更終極地以成聖成賢自許。如何成爲君子呢？孟子告訴我們，「體有貴賤，有小大。無以小害大，無以賤害貴。養其小者爲小人，養其大者爲大人。」而這裏所謂的貴者大者，就是本性所固有的良心，就是仁義禮智，也是個人修養所要下工夫的地方。

孟子又說：

「君子同一般人不同的地方，就在於存心不同。君子以仁存心，以禮存心。仁者愛人，有禮者敬人。愛人者，別人也經常愛他；敬人者，別人也經常敬他。假如這裏有個人，他對我蠻橫無理，那君子一定會反躬自問，我必是不仁，必是無禮，不然，怎麼會遭到這種態度呢？反躬自問以後，肯定自己不失爲仁，不失有禮，那人的蠻橫無理仍然不改，君子一定會反躬自問，我必是不忠。反躬自問以後，我實在是忠，那蠻橫無理依然一樣，君子就會說：『這個人不過是個狂人罷了，既是這麼樣，那同禽獸有什麼區別呢？對於禽獸又責備什麼呢？』所以，君子有終身之憂，却沒有一朝之患。所謂終身之憂是指：舜是人，我也是人，舜呢，爲天下人所效法的聖賢典型，名聲傳揚於後代，我呢，仍然不免是一個普通人。這才是值得憂慮的事情。憂慮了又該怎麼辦呢？儘力向舜學習罷了。至於君子別的痛苦那就沒有了。不是仁愛的事不做，不合於禮的事也不做。因此，卽使有一朝之患，君子也不以爲患了。」

這是積極的修養工夫。此外，在對治人的慾望時，孟子提出了「寡欲」的說法：

「修心養性的方法最好是減少慾望。若慾望減低，那麼善性縱使有所喪失，也不會太多；若慾望旺盛，那善性縱使有所保存，也是極少的了。」

值得注意的是，孟子只教我們「寡欲」，而不是「禁欲」。這之間的差別很大，不可混淆。

消極的修養工夫是寡欲養心，積極的修養工夫是以仁義禮智存心。最重要的是，要持之有恒地去實行。有一天，孟子便向高子談到了這道理：

「山坡的小路只一點點寬，經常去走它便變成了一條路；只要有一段時間不去走它，又會被野生的茅草堵塞了。」

拿山坡路來比喻人心，眞是恰當而鮮明。人要經常存心養性，不可間斷；如果稍鬆懈，「則茅塞之矣」！

【思考時間】

1. 孟子指出，時代的危機在於良知的喪失，心靈的迷途，你認為我們的時代也有這種危機嗎？

2. 孟子提出，「養心莫善於寡欲」，你對於「寡欲」有何看法？寡欲和禁欲、縱欲又有何分別？今天是「消費時代」，是不是鼓勵慾望的滿足？「能源危機」多少改變了一些消費觀念，此時反省孟子的寡欲養心，是否特具意義？

第七章　三度上路

古之人，得志，澤加於民；不得志，修身見於世。窮則獨善其身，達則兼善天下。

——孟子盡心篇上

一、知識份子的新形象

西元前三一二年，孟子離開齊國，向西南行走，準備到宋國去。當初，宋國大夫戴盈之和萬章有交情，因此透過萬章的關係，宋國就邀請孟子前往。既然在齊國沒有作爲的希望，孟子想，宋國雖是小國，但仍可前往一試。

這一次，孟子離開臨淄的排場相當氣派，隨行的車子有十幾輛，徒從更有幾百人之多，浩浩蕩蕩，聲勢顯赫。這是當時的社會現象特徵之一，卽是新興而且流動性很大的遊士集團，而孟子正是一個龐大遊士集團的領袖。

當時，弟子彭更對於這種新興知識份子的角色感到迷惑，因此問道：

「跟隨的車子幾十輛，隨行幾百人，由這一國吃到那一國，您這樣做，不也太過分了嗎？」

孟子答道：

「如果不合理，就算是一碗飯也不可以接受；如果合理，舜接受了堯的天下，都不以爲過分——你以爲過分了嗎？」

彭更說：

「不是這樣說，我以爲知識份子不工作，吃白飯，是不可以的。」

孟子說：

「如果不互通各人的成果，交換各行業的產品，用多餘的來彌補不够的，就會使農民有剩棄的米，別人得不着吃；婦女有剩棄的布，別人得不着穿；如果能互通有無，那麼，木匠車工都能够從你那裏得着吃的。假定這裏有個人，在家孝順父母，出外尊敬長輩；嚴守着古代聖王的禮法道義，用來培養後代的學者，却不能從你這裏得着吃的；那麼，你爲什麼尊貴木匠車工，却輕視仁義之士呢？」

彭更說：

「木匠車工，他們的動機本是謀飯吃；知識份子的研究學術，推行王道，那動機也是爲了弄到吃的嗎？」

孟子說：

「你爲什麼要論動機呢？他們對你有功績，可以給他吃的，便給吃的了。而且，你是論動機而給吃的呢，還是論功績而給吃的呢？」

彭更說：

「論動機。」

孟子說：

「好！這裏有個匠人，把屋瓦打碎，在新刷的牆壁上亂畫，他的動機也是爲着弄到吃的，你給他吃的嗎？」

「不。」彭更說。

「那麼，」孟子說：「你不是論動機，而是論功績了。」

從這段對話中可以看出，彭更對於身爲新興知識階層中的一份子，十分感到不安。在傳統農業社會的觀念裏，認爲只有勞動才能有飯吃，而這些新興知識份子竟「傳食於諸侯」，不勞而食，不是太過分嗎？這是「自我角色的迷惑」，想必不只是彭更一個人的問題而已，而是在時代劇變下所必然產生的疑問。

孟子的答覆指出，時代的變動使社會趨向成爲分工合作的多元化體制，而知識份子即在於擔負知識的創造和傳遞；更重要的，知識份子是「道」的擔當者，所謂「守先王之道，以待後之學者」。儒家的傳統，素來重視知識份子的使命意識，孔子便曾說過：

「君子憂道不憂貧。」

曾子也說過：

「士不可以不弘毅，任重而道遠。仁以爲己任，不亦重乎？死而後已，不亦遠乎？」

這都加強了知識份子的理想性。到了戰國時代，由於社會階層的流動，上層貴族的下降和下層庶民的上升十分劇烈，知識份子的數量於是隨之大增，也因此導致知識階層之性格的複雜化。最明顯的，即是部份的知識份子與現實利益結合，尤其以縱橫家的辯士爲代表。針對知識份子的現實化，孟子一方面要安立知識份子在社會分工上的角色功能，另外還要强調其使命感和理想性。
知識份子對於社會當然有其貢獻，不是一般人所誤解的「寄生階級」。弟子公孫丑便曾就此問題請教老師：
「詩經上說：『不吃白飯呀！』可是，君子不種莊稼，也來吃飯，爲什麼呢？」
孟子說：
「君子居住這國家，執政者任用他，就會平安、富裕、尊貴而有名譽；少年子弟信從他，就會孝父母、敬兄長、忠心而信實。『不白吃飯』，還有比這更好的嗎？」
因此，知識份子尋求做官的出路，固然主要是實現理想，造福社會；可是，有時爲了現實生活的壓力而出去做官，也是不能苛責的。孟子卽曾說：
「做官不是因爲貧窮，但有時也因爲貧窮。娶妻不是爲着孝養父母，但有時候也爲着孝養父母。因爲貧窮而做官的，便該拒絕高官，居於卑位；拒絕厚祿，只受薄俸。辭尊居卑，辭富居貧，那該居於什麼位置才合宜呢？像守門打更的小吏都行。孔子也曾經做過管理倉庫的小吏，他說，『收支的數字都對了。』也曾經做過管理牧場的小吏，他說，『牛羊都壯實地長大了。』位置低下，而議論朝廷大事，這是罪行；在那君主的朝廷上做官，而自己正義的主張不能實現，那才羞恥呢！」

這段話啓示了我們，知識份子的原則是「在其位，謀其政」，並且不要怕從事基層工作。最重要的，孟子在後面仍不忘說，「立乎人之本朝，而道不行，恥也。」強調知識份子的尊嚴與使命感。

孟子又說：

「天下清明，君子得志，『道』因之得到施行；天下混亂，君子守道，不惜爲『道』而死；沒有聽說過犧牲『道』來遷就執政者的。」

知識份子是「道」的守護者、擔當者。爲了「道」的實現和傳承，甚至於犧牲生命都在所不惜。這便導出孟子的「舍生取義」說：

「魚是我所喜歡的，熊掌也是我所喜歡的；如果兩者不能得兼，便犧牲魚，而取熊掌。生命是我所喜歡的，義也是我喜歡的；如果兩者不可得兼，便舍生而取義。

「生命自然是我喜歡的，但是還有比生命更爲我所喜歡的，所以我不幹苟且偷生的事；死亡自是我所厭惡的，但是還有比死亡更爲我所厭惡的，所以有時遭到迫害我也不逃避。

「如果人們最喜歡的只是生命，那麼，一切可以求得生存的方法，便沒有不用其極的；如果人們最厭惡的只是死亡，那麼，一切可以避免禍害的事情，便沒有不去幹的。

「然而，有些人由此而行，便得到生存，却不去做；由此而行，便可以避免禍害，却不去幹。卽此可知，有比生命更值得追求的東西，也有比死亡更令人討厭的東西。這種想法不僅賢人有，人人也都有，不過賢人能夠保持它罷了。

「一筐飯，一碗湯，得着便活下去，得不着便死亡，倘若大聲呼喝着給他，就是過路的餓人都不會接受；脚踩過再給他，就是乞丐也不屑一顧；然而竟有人對萬鍾的俸祿却不問是否合乎禮義就貿然接受了。萬鍾的俸祿對我而言有什麼了不得呢？爲着住宅的華麗、妻妾的侍奉、和使我所認識的貧苦人感激我嗎？過去寧肯死亡而不接受，今天却爲着住宅的華麗而幹了；過去寧肯死亡而不接受的，今天却爲着妻妾的侍奉而幹了；過去寧肯死亡而不接受的，今天却爲着使我所認識的貧苦人的感激而幹了，這些不也都可以停止了麼？這叫做『失其本心』。」

知識份子固然要有其崇高的理想，更要有在逆境中堅持的勇氣。孟子眼看很多知識份子因受不了現實的誘惑，一個一個屈服了，變節了，墮落了，因此，大聲疾呼，不可「失其本心」啊！

【思考時間】

成為一個知識份子要具備那些條件呢？教育程度——大學畢業？碩士？博士？或是職業——教授？記者？律師？醫生？抑是還要有某種精神？你認為孟子對知識份子的期望適宜今天的時代嗎？現代知識份子遭到的現實誘惑是否更厲害？更重要的是，身為知識份子應該如何去平衡現實和理想的對立衝突？

二、憂患意識

以前在齊國的時候，有位名叫墊的王子曾經問道：

「士幹什麼事？」

孟子說：

「尙志。」

王子墊問道：

「何謂尙志？」

答道：

「居仁行義而已。殺一個無罪的人，不是仁；不是自己所有，却去掠奪，不是義。行事應該站在什麼立場呢？仁便是最好的立場；行事應該遵循什麼途徑呢？義便是最好的途徑。居仁行義，便可以算是大人了。」

王子墊是貴族，但是他却問「士何事？」可見當時的「士」已經轉化爲知識份子了。孟子因材施敎，特別强調「居仁行義」，這便是知識份子的「志」——理想。

又有一次，孟子和宋勾踐談到知識份子的理想：

「你喜歡遊說各國的君主嗎？我告訴你遊說時應有的態度。別人瞭解我，我也自得其樂；別人不瞭解我，我也自得其樂。」

宋句踐說：

「要怎樣才能自得其樂呢？」

孟子答道：

「尊德樂義，就可以自得其樂了。所以，知識份子窮困時也不失義，得意時也不離道。窮不失義，所以知識份子還能自我肯定；達不離道，所以百姓不致於失望。古代的人，得意時，惠澤普施於百姓；不得意，修養個人的品德，獨立於社會之上。不得意時便獨善其身，得意時便兼善天下。」

孟子指出知識份子立身行事的最高原則——「得志，澤加於民；不得志，修身見於世。窮則獨善其身，達則兼善天下。」這句話在過去影響了中國讀書人有二千多年，將來也必是如此。

如何成爲上述所言的知識份子典型？孟子雖然肯定人人皆可爲堯舜的可能性，但是不論是堯舜，或是知識份子，到底是屬於社會的精英階層，需要經歷考驗的。在春秋以前，貴族有其傳統的教養方式，即是以六藝——禮、樂、射、御、書、數，爲課程，達到文武兼修，文質彬彬的目標。這一點，後來儒家是繼承了下來，但是孔、孟都還強調「憂患」對於形塑聖賢人格的重要。孔子即說：「吾少也賤，故多能鄙事。」孟子也說：

「舜舉用於田野之中，傅說ㄩㄝ舉用於築牆的勞役中，膠鬲ㄌㄧˋ舉用於魚鹽的工作中，管仲舉用於獄官的手中，孫叔敖舉用於海邊，百里奚舉用於奴隸市場。所以上天若要把重大的使命任務交給某人，一定要先磨練他的心志，勞動他的筋骨，使他嚐嚐饑餓的滋味，知道什麼叫窮困，並且使他的所作所爲總是不能如意順遂。這樣，就可以激勵他的心志，堅忍他的性情，增強他的能力。

「一個人惟有常犯差失，然後才能改過；心志困頓，思慮不順，而後才能奮發振作；察看人家的臉色，聽人家的語氣，而後才能開竅了悟。國家也是一樣，如果國內沒有守法度的世臣和輔佐的賢士，國外沒有敵對的國家和外來的禍患，這個國家往往是會滅亡的。這樣就可以知道一項道理：在憂患的環境中才能生存，在安逸的環境中便會走向毀滅。」

這是强調心志歷練對於堅毅精神的重要。惟有克服了魔鬼的試探，惟有經過了苦難的挑戰，心智才能成長壯大，而這正是一個要擔負重責大任者的必備條件。

孟子又說：

「有德行、智慧、道術、才智的人，往往是成長在憂患之中。獨有那孤立之臣子，微賤的庶子，他們抱著危懼的心情，存著深切的憂慮，所以能通達事理。」

孟子一再的强調憂患意識，說明作爲一個擔當重責大任的知識份子，除了要具備德行、知識等條件外，還要具有比一般人更堅忍的毅力，更深切的憂懼，才能帶領民族渡過重重的考驗與難關。

每在這個時候，孟子又不容自已地興發了「舍我其誰」的豪氣。他說：

「等待文王的教化，然後才奮發振作的，只是平凡的人而已；至於豪傑之士，縱使沒有文王，照舊能奮發興起啊！」

顯然在戰國那般紛擾的時代裏，想期盼如文王一般的聖君已經是無望了，因此，孟子以「豪傑之士」自許，希望有所作爲。孟子這時候已經是六十餘歲了，志氣卻依然如此激昂高揚！

【思考時間】

孔子說：「己立立人，己達達人。」孟子說：「窮則獨善其身，達則兼善天下。」在古代社會裏，知識份子惟有以「仕宦」一途來「兼善天下」；但是在今天多元化的現代化社會裏，是否有其他的方式途徑來「兼善天下」？

三、南遊宋國

孟子帶領的遊士集團向西南行去，目的地是宋國。他們在路上雖然風塵僕僕，但是並不寂寞，因爲有太多的問題可供他們沉思和議論了。

這一天，他們來到石丘這個地方，大家精神很好，並且議論著最近國際上的緊張情勢——秦國和楚國之間可能爆發一場大規模的戰爭。

當時，齊國和秦國是分處在東、西方的超級强國，加上南方的楚國，可謂鼎足而三。在秦齊之間的强權均勢下，楚國的外交動向就擧足輕重了。當時，楚國的朝廷上分爲親齊的右派和親秦的左派。屈原、陳軫ㄓㄣ是親齊派，上官大夫靳ㄐㄧㄣ尙、令尹子蘭，加上楚懷王寵姬鄭袖則形成親秦派。最初，親齊派佔優勢，因此，楚國的外交走親齊的路線。秦惠王爲了破壞齊楚的親近關係，就派張儀南見楚懷王，說：

「陛下若和齊國斷交，秦國願意把商於六百里地送給楚國。」

楚懷王聽了大樂，就和齊國斷交，然後，興冲冲地向秦國索取六百里地。結果秦國答應給六方里地，雙方因此而起爭執。楚懷王中計受騙，大怒，動員軍隊，準備攻秦。這時，眼看著一場大戰卽將爆發，情勢已經十分緊張。

就在此時，孟子遇到一位著名的和平主義者——宋牼ㄎㄥ。宋牼也是名聞天下的思想家，主張「少私寡欲，見侮不辱，以救民之互鬪；禁攻寢兵，以救當時之攻戰；破除主觀成見，以識萬物之眞相」，可以說是融合道家和墨家思想的學者。他正準備到楚國去，試圖消弭這場戰爭。這一天，正巧也在石丘歇脚，因此和孟子見了面，兩人就談論起來。

孟子問道：

「先生準備到那裏去呢？」

宋牼答道：

「我聽說秦楚交兵，我打算去謁見楚王，向他進言，勸他罷兵。如果楚王不聽，我又打算去謁見秦王，向他進言，勸他罷兵。在兩國君王中，總會有一個聽我的。」

孟子說：

「我不想問得太詳細，只想知道你的大意，請問你將怎樣去進言呢？」

答道：

「我打算說，交兵是不利的。」

孟子說：

「先生的理想確是很崇高，可是先生的說法却不行。先生用利害關係向秦王楚王進言，秦王楚王因爲有利可圖而罷兵，這就將使軍隊的官兵樂於罷兵而好利。做臣屬的懷抱著好利的觀念來服事君主，做兒子的懷抱著好利的觀念來服事父親，做弟弟的懷抱著好利的觀念來服事哥哥，這就會使君臣之間、父子之間、兄弟之間都完全去掉仁義，懷抱著好利的觀念來互相對待，如此而國家不滅亡的，是沒有的事情。」

「若是先生用仁義來向秦王楚王進言，秦王楚王因悅仁義而罷兵，這就會使軍隊的官兵樂於罷兵，而且喜悅仁義。做臣屬的懷抱著仁義來服事君主，做兒子的懷抱著仁義來服事父親，做弟弟的也懷抱著仁義來服事哥哥，這就會使君臣之間、父子之間、兄弟之間都去掉好利的觀念，懷抱著仁義來互相對待，如此而國家不以德政統一天下的，也是沒有的事。何必談利呢？」

顯然地，孟子的立論和初見梁惠王時的論調完全一樣——「何必曰利，亦有仁義而已矣！」

孟子始終堅持著道德理想主義的最高原則。

孟子和宋牼的思想立場是不一樣的。雖然兩人都主張和平，反對戰爭，但是宋牼願意順著現實來達成理想，而這正是孟子所不肯委曲的地方。

兩人談過話後，就各自分手上路。

孟子終於來到了宋國。宋國是小國，宋王名偃，是發動政變，從他哥哥手上奪取王位的。史記宋世家這樣記載他：「東敗齊，取五城；南敗楚，取地三百里；西敗魏軍，與齊魏爲敵國。淫於酒婦人，羣臣諫者輒射之。於是諸侯皆曰宋桀。」據此，宋王的爲人如何，也就可以明白大半了。當時，大概是臣子戴不勝有心圖治，希望招請賢士來輔佐君上。這也是孟子一行人所以會到宋國的因緣。

在這種情況下，弟子萬章問道：

「宋是個小國家，如今想實行仁政，齊楚兩大國却因而不快，想要出兵攻宋，怎麼辦？」

孟子道：

「湯居住在亳ㄅㄛ地，同葛國爲鄰，葛伯放肆得很，不守禮法，不祭祀鬼神。湯派人去問：『爲什麼不祭祀？』答道：『沒有牛羊做祭品。』湯便給他牛羊。葛伯把牛羊吃了，却不用來祭祀。湯又派人去問：『爲什麼不祭祀？』答道：『沒有穀米做祭物。』湯便派亳地百姓去替他們耕種，老弱的人給耕田的人送飯。葛伯却帶領著他的百姓攔劫那些送飯者，搶奪酒菜好飯，不肯交出來的便殺掉他。有一個小孩去送飯和肉，葛伯竟把他殺掉了，搶去他的飯和肉，『書經』上說：『葛伯仇視送飯者』，正是這個意思。湯就爲著這一小孩的被殺來討伐葛伯，天下的人都說：『湯不是貪圖天下的財富，是爲老百姓報仇。』湯的作戰，便從葛國開始，出征十一次，沒有能抗拒他的。向東方出征，西方的人便不高興；向南方出征，北方的人便不高興，說道：『爲什麼不先到我們這裏？』老百姓盼望他，正好像大乾旱時盼望雨水一樣。作戰的時候，做買賣的不曾停止過，耕田的不曾躲避過，殺掉那暴虐的君主，安慰那可憐的百姓，這也和及時的雨水落下來一樣，老百姓非常高興。『書經』也說過：『等待我的王！王來了我們便不再受罪了！』又說：『攸ㄧㄡ國不服，周王便東行討伐，來安定那些男男女女，他們也把黑色和黃色的綢布細好而放在筐子裏，請求介紹和周王相見，得到光榮，作大周國的臣民。』這說明了周朝初年東征攸國的情況，官員們把那黑色和黃色的束帛裝滿筐子來迎接官員，老百姓便用竹筐盛飯，用壺盛酒漿來迎接士兵，可見得周王的出師只是把老百姓從水火之中拯救出來，而殺掉那殘暴的君主罷了。『泰誓』篇上說：『我們的威武要發揚，攻到于國的疆土上，殺掉那殘暴的君主，還有一些該死的都砍光，這樣的功績比湯還輝煌。』不實行王政便罷了；如果實行王政，天下的人都抬起頭盼望著，要擁護他來做君王；齊國楚國縱是強大，怕什麼呢？」

這是孟子王道論的老調，也是他政治哲學的最高原則，永不改變。但是孟子也有具體政策上的見解，最主要的便是經濟上的稅制。當時，列國之間，連年征戰，國防支出甚為龐大，而這些負擔都出自於老百姓的稅捐上。苛稅，正是當時民不聊生的一大原因。

孟子論到當時名目繁多的賦稅時，說道：

「有征收布帛的賦稅，有徵收穀米的賦稅，還有徵用人力的賦稅。君主若用其三者之一，其他兩種便應該暫緩不征。如果同時征用兩種賦稅，百姓便會有餓死的；如果同時征用三種，那麼便會導致父離子散。」

孟子主張減輕賦稅，而且恢復堯舜時十抽一（百分之十）的稅率。當時的列國，包括宋國在內，都實行重稅。因此，孟子到了宋國之後，便和宋國大夫戴盈之談到稅率改革的問題。戴盈之認爲要降低到百分之十的稅率，需要採取漸進的改革方式，無法馬上改制。他說：

「採取十分抽一的稅率，免除關卡和商品的賦稅，今年還辦不到，預備先減輕一些，等到明年，然後完全實行，如何？」

孟子也許看出了當局並不想實行他的減稅政策，只是想以緩兵之計來敷衍他，因此，很不高興地回答道：

「現在有一個人每天偷鄰人一隻鷄，有人告訴他說：『這不是君子所做的行爲。』他便說：『這樣好了，先改爲每個月偷一隻，等到明年，然後完全不偷。』如果曉得這種行爲不合道理，便趕快停止算了，爲什麼要等到明年呢？」

這一番話雖然義正詞嚴，但是尖銳了些，戴盈之聽了當然不太舒服。孟子心裏也明白，宋國當局只想富國强兵而已，並非有什麼誠意實行仁政。因此，住了一段時間以後，有一天和宋大夫戴不勝談起來：

「你希望你的君王學好嗎？我明白告訴你。這裏有位楚大夫，希望他的兒子會說齊國話，那麼，找齊國人來敎呢？還是找楚國人來敎呢？」

「當然找齊國人來教。」

孟子便說：

「一個齊國人教他，却有許多楚國人在旁邊喧嘩打擾，縱使每天鞭打他，逼他說齊國話，那是做不到的。假若帶他在齊國都城臨淄的鬧市，住上幾年，縱使每天鞭打他說楚國話，也是做不到的。你說薛居州是個好人，要他住在王宮裏。如果在王宮中的每個人，都是像薛居州的好人，那麼王上和誰幹出壞事來呢？如果在王宮中，不論長幼尊卑，都不是好人，那麼王上又和誰幹出好事來呢？只有一個薛居州又能怎樣影響宋王呢？」

【思考時間】

國際上列強的國力競賽是冷酷的，圖存的鐵則是「物競天擇，優勝劣敗，適者生存。」孟子在和宋牼的對話中，依然強調「義利之辨」，是否能解決當時的時代難題？倘在現實上不能解決難題，孟子的仁義說、王道論是否還有其價值？若有，又該如何肯定其價值？

四、倦遊歸鄉

現實與理想的差距，莫過於政治。孟子到宋國時，已經周遊了七年，眼看宋國亦不可爲，翌年，即西元前三一一年，便離開了宋國，踏上返鄉的歸途。

疲倦了，打從心底升起了疲倦的感覺。「六十二歲啊！老了，老了——」孟子嘆息着。這些年來，西至於魏，東至於齊，南至於宋，行路何止千里，世事變幻，見聞也太多了，雖然始終堅持着道德理想主義的原則，未曾動搖，但是迎面撲來的現實冷酷，又何嘗不令人頹然而退？孟子多麼希望將理想落實下來，尤其是先從政治問題着手，豈知權力的滋味永遠高過於良知的呼喚，而鬪爭傾軋永遠是政治舞臺上不落幕的戲。孟子雖不願服輸，然而，此時只想回到老家息居一段時間。

在返鄒的途中，經過薛地，因薛君田嬰的力邀，孟子又在薛地躭擱了一些時候。離開時，薛君餽送五十鎰〔〕金，孟子接受了。

這次返回故鄉，孟子已經是名揚天下的大思想家，領導着大規模的遊士集團，因此，甫踏進國門，便舉國轟傳。正巧，當時鄒國和魯國發生邊界糾紛，鄒國比魯國小，因此吃了虧。鄒穆公便向孟子請教這件事情：

「這次衝突，我的官吏犧牲了三十三個，老百姓沒有一個爲他們死難的。殺了他們吧，殺不了那麼多；不殺吧，他們眼看長官被殺却無動於衷，實在可恨。您說，怎麼辦才好呢？」

孟子答道：

「當災荒年歲，您的百姓，年老體弱的棄屍於山溝荒野之中，年輕力壯的便四處逃荒，處在這種情形的人幾近千人之多；而在您的穀倉中，却堆滿了糧食，庫房裏裝滿了財寶。這種情形，您的有關官吏誰也不來報告，這就是在上位的人不關心老百姓，還殘害他們。曾子曾經說過：『提高警惕，提高警惕！你怎樣去對待人家，人家將怎樣回報你。』現在，您的百姓才得着報復的機會了。您不要責備他們吧！您如果實行仁政，您的百姓自然就會愛護他的上司，情願爲他們的長官犧牲了。」

這眞是一番足以令當政者深思反省的話，孟子站在人道的立場，自然會產生懾人的力量。其實，這是普通平凡的道理，只是當政者不肯自反自省而已。當人沉醉在權力的滋味中時，真容易遮蔽那原本眞純的心靈啊！

孟子閒居在家裏，還是有許多慕名前來請教學問的人。曹交就是其中之一。

有一天，曹交問道：

「人皆可以爲堯舜，是嗎？」

孟子說：

「是的。」

曹交問：

「我聽說文王身高一丈，湯身高九尺，如今我有九尺四寸多高，只會吃飯罷了，要怎樣才成呢？」

孟子說：

「這有什麼關係呢？只要去做就行了。要是有人，自以爲連一隻小鷄都提不起來，便眞是毫無力氣的人；如果說能够擧重三千斤，便是很有力量的人了。那麼，假若擧得起大力士烏獲所能擧的重量，也可以說是烏獲了。這樣的人難道以不能勝任爲憂嗎？只是不肯去做罷了。慢點兒走，走在長者之後，這叫悌；走得很快，搶在長者之前，這叫不悌。慢點兒走，難道是人所不能的嗎？只是不肯那樣做罷了。

堯舜之道，也不過就是孝和悌而已。你穿堯的衣服，說堯的話，為堯之所為，便是堯了。你穿桀的衣服，說桀的話，為桀之所為，便是桀了。」

曹交說：

「我準備去謁見鄒君，向他借個住宿的地方，情願留在您門下學習。」

孟子說：

「道就像大路一樣，難道不容易瞭解嗎？只怕人不去尋求罷了。你回去自己尋求吧！老師多得很呢。」

曹交的問題，其實就是大多數人的問題：「人皆可以為堯舜嗎？」孟子在這裏提供了信念上的大肯定。接着，曹交又問到成聖成賢的「實踐」問題，於此孟子告訴我們，這並非不可為或難為之事，而只在於是否肯去做和開始去做而已。「堯舜之道，孝弟而已矣。」一般人認為聖賢之道只是少數人的事業，這是一大誤解。當然，孝弟也只是堯舜之道的起點。最後的對話，意義深切。只要識取本心，何處不可學道？

另有一次，離鄒國不遠的任國，有人問及孟子的學生屋盧子，說：

「禮和食那樣重要？」

屋廬子答道：

「禮重要。」

問道：

「情慾與禮那樣重要？」

答道：

「禮重要。」

對方又問道：

「如果循着禮節謀食，便會餓死；不依禮節，便可得食，那麼一定要依於禮嗎？如果按照親迎禮，便得不到妻子；如果不行親迎禮，便會得着妻子，那一定要行親迎禮嗎？」

屋廬子無法回答，因此第二天郎特地前往鄒國，請敎孟子。

孟子說：

「這有什麼難呢？如果不揣度基地的高低是否一致，那麼若將一寸厚的木塊放在高處，可以使它比尖角高樓還高。我們說，金子比羽毛重，難道是說三錢多重的金子比一大車的羽毛還重嗎？拿吃的重要方面和禮的細節相比較，豈止於吃的重要？拿婚姻的大事和禮的細節相比較，豈止於娶妻重要？你這樣去同答他吧：扭折哥哥的胳膊，搶奪他的食物，便得到吃的；不扭，便得不着吃的，那會去扭嗎？爬過東鄰的牆去摟抱女子，便得到妻室；不去摟抱，便得不着妻室，那會去摟抱嗎？」

孟子雖然堅持禮法原則和義利之辨，然並非是固執而不通情理。這就是中庸之道。

又有一次，弟子陳臻問道：

「過去在齊國，齊王送您上等金一百鎰，您不接受；後來在宋國，宋君送您七十鎰，您受了；在薛，薛君送您五十鎰，您也受了。如果過去的不接受是對的，那今天的接受便錯了；如果今天的接受是對的，那過去的不接受便錯了。二者之中，老師一定有一個錯誤。」

孟子同答說：

「都是對的。當在宋國的時候，我準備遠行，對遠行的人一定要送些盤費，因之他說：『送上一點盤費吧！』我爲什麼不受？當在薛的時候，聽說路上危險，需要戒備，因之他說：『聽說你需要戒備，送點錢給您買兵器吧！』我爲什麼不受？至於在齊國，就沒有什麼理由。沒有什麼理由却要送我一些錢，這等於用賄賂收買我。那裏有君子可以拿錢收買的呢？」

不久，在鄒國南方不遠的滕國國君定公去世，太子（也就是後來的滕文公）對他的師傅然友說：

「過去在宋國，孟子和我談了許多，我心裏一直不曾忘記。今日不幸，猝遭大故，我想請你到孟子那裏問問，然後再辦喪事。」

然友便到鄒國，去問孟子。

滕太子顯然對孟子是十分尊敬的。記得當初，太子有事要去楚國一趟，路經宋國，聽說孟子在宋，便去拜見他。孟子向他講解性善論，並稱述堯舜的聖賢人格。

滕太子從楚國回來後，又去見孟子。

孟子說：

「太子懷疑我的話嗎？天下的眞理就這麼一個。成覸ㄐㄧㄢˋ對齊景公說：『他是個男子漢，我也是個男子漢，我爲什麼怕他呢？』顏淵說：『舜是什麼樣的人，我也是什麼樣的人，有作爲的人也會像他那樣。』公明儀說：『文王是我的老師，周公也是應該信賴的。』現在的滕國，假若把土地截長補短，拼成正方形，每邊之長也將近五十里，還可以治理成一個好國家。書經上說過：『如果藥物不能使人吃得頭暈腦轉，病是不會痊癒的。」

太子聽了這番勉勵的話，深受影響。因此，在他回國遭到父喪之後，立即派然友去向孟子請教。

孟子說：

「好得很呀！父母的喪事，本應該盡情竭心的。曾子說過：『當他們在世的時候，依禮奉侍；他們去世了，依禮埋葬，依禮祭祀，這可以說是盡孝了。』諸侯的禮節，我雖然不曾學習過，但也聽說過。實行三年的喪禮，穿着粗布緝ㄑㄧ邊的孝服，吃着稀粥，從天子一直到老百姓，夏、商、周三代都是這樣的。」

然友回國復命，太子便決定行三年的喪禮。滕國的父老官吏都不同意，說道：

「我們的宗主國魯國的歷代君主沒有實行過，我們歷代的祖先也沒有實行過，到你這一代便改變了祖先的做法，這是不應該的。而且禮書上說過，『喪禮祭禮一律依從祖宗的規矩。』道理就在於我們是從這一傳統繼承下來的。」

太子便對然友說：

「過去我不曾搞過學問，只喜歡跑馬舞劍。今日，我要實行三年之喪，父老官吏們都對我不滿，恐怕這次的喪禮不能夠使我盡情竭心，你再替我去問問孟子吧！」

然友又到鄒國去問孟子。

孟子說：

「嗯！這是要發自內心，自己決定的。孔子說過，君主死了，太子把一切政務交給宰相，喝着粥，面色深墨，就臨孝子之位便大哭，大小官吏沒有人敢不悲哀，因爲太子親身帶頭的緣故。在上位的有什麼愛好，在下面的人一定愛好得更利害。君子之德譬如風，小人之德譬如草，風向那邊吹，草便向那邊倒。這一件事情完全決定於太子。」

然友向太子回報。

太子說：

「對；這應當決定於我。」

於是太子居於喪廬中五月，不曾頒佈過任何命令和禁令。百官及王室都很贊成，認爲知禮。等到舉行葬禮的時候，四方的人都來觀禮，太子容色的悲慘，哭泣的哀痛，使弔喪的人都肅然起敬。

【思考時間】

任人與屋盧子的辯論：當倫理規範（禮）和基本的生存權（食與色）相衝突時，如何作取捨抉擇？孟子是採取什麼立場？你同意嗎？

第八章　聖人之道的守護者

我亦欲正人心，息邪說，距詖行，放淫辭，以承三聖者；豈好辯哉？予不得已也。

——孟子滕文公篇下

一、面臨現實困境的乏力

滕定公死後，太子繼立，是爲滕文公。文公有意施行仁政，於是專程邀請孟子到滕國。孟子在家鄉的這一段時間，寧靜而悠閒，日惟與弟子們一起討論學問與道理。現在，滕文公有意施行仁政，又對孟子這麼尊敬，加上滕國的路程並不遙遠，於是，孟子又再度上路了。

到了滕國，孟子被安置在寬敞舒適的賓館。滕文公親自到賓館來拜訪孟子，請教爲政之道。

孟子說：

「最要緊的是人民的生活。詩經上說：『白天割取茅草，晚上絞成繩索，趕緊修繕房屋，按時播種五穀。』人民有一個基本情況：有固定產業收入的人才會有合理的道德觀念和行爲準則，沒有固定的產業收入的人便不會有合理的道德觀念和行爲準則。假若沒有合理的道德觀念和行爲準則，就會胡作非爲，違法亂紀，什麼事情都幹得出來。等到他們犯了罪，然後再加以處罰，這等於陷害。那有仁人在位，卻做出陷害老百姓的事情呢？所以賢君一定認眞辦事，節省用度，對待臣下有禮，尤其是徵收賦稅要有一定的制度。陽虎曾經說過：『要發財致富便不能行仁，要行仁便不能發財致富。』

「古代的稅收制度大致如此：夏代每家五十畝地而行『貢』法，商朝每家七十畝地而行『助』法，周朝每家百畝而行『徹』法。三種稅制雖然不同，稅率其實都是十分抽一。『徹』是『通』的意思，因爲那是在不同情況的通盤計算下貫徹十分之一的稅率。『助』是借助的意思，因爲要借助於人民的勞力來耕種公有土地。古代一位賢者龍子說過：『田賦最好的是助法，最不好是貢法。』貢法是比較若干年的收成得一個定數。不分豐收和災荒，都按這一定數來徵收。豐收年成，到處是穀物，多徵收一點也不算苛暴，却並不多收；災荒年成，每家的收穫量甚至還不够第二年肥田的用費，也非收滿那定數的賦稅不可。一國的君主號稱百姓的父母，却使百姓整年辛苦勞動，結果連養活爹娘都做不到，還得借高利貸來湊足納稅數字，終於使一家的老小拋屍露骨於山溝之中，那麼作爲百姓父母的意義又在那兒呢？做大官的人都有一定的田租收入，子孫相傳；這一辦法，滕國早就實行了，爲什麼百姓都不能有一定的田地收入呢？詩經上說：『雨水下到公田，然後再落到私田！』只有助法才有公田。從這裏看來，就是周朝也是實行助法的。

「人民的生活有着落了，便要興辦『庠』ㄒㄧㄤˊ、『序』、『學』、『校』來敎育他們。『庠』是敎養的意思，『校』是敎導的意思，『序』是陳列的意思，陳列實物以便觀摩。地方學校，夏代叫『校』，商代叫『序』，周代叫『庠』；至於大學，三代都叫『學』。學校的敎育目的在於闡明人倫的道理。在位者若都能實行人倫道理，百姓知所效法，自然會相親相敬。如果有聖王興起，一定會來效法，這樣便可以做王者師了。

「詩經上又說：『歧周雖然是一個古老的國家，國運却充滿着新氣象。』這是讚美文王的詩句。你努力實行吧，也使你的國家氣象一新！」

孟子的長篇大論，仔細想想，其實只是孔子所云「富之敎之」的落實與發揮。首先，人民的現實生活應該先求解決。孟子提出了三項方針：一、人民要有固定的產業收入，謀求最基本的生活保障。二、採取十分抽一的稅率，減輕百姓的賦稅負擔。三、恢復「井田制」。其次，在生活穩定以後，孟子強調敎育，尤其是倫理道德的敎化。

關於「井田制度」，那原是周朝實行的土地政策，但到了戰國時代，遭到各國君主與新興貴族的破壞，而有土地兼併壟斷的情形出現。結果，當然導致農村的凋敝。孟子針對這種現象，提出恢復「井田制」的構想。

有一天，滕文公特地派其臣子畢戰來向孟子請敎井田制度。

孟子說：

「滕君有意推行仁政，特別重用你，你一定要好好幹！實行仁政，要從劃分田界開始。田界劃分得不正確，井田的大小就不平均，作爲俸祿的田租收入也就不會公平合理；所以暴君及貪官汚吏一定要打亂正確的田間限界，原因在此。田間限界正確了，分配田地給人民，制定官吏的俸祿，都可毫不費力地作出決定了。」

「滕國的土地狹小，卻也得有官吏和人民。沒有官吏，便沒有人治理人民；沒有人民，也沒有人提供政府的支出。我建議：郊野用九分抽一的助法，城市用十分抽一的貢法。公卿以下的官吏一定有供祭祀的圭田，每家五十畝；如果他家還有剩餘的勞動力，便再給每一勞動力二十五畝。無論埋葬或者搬家，都不離開本鄉本土。共一井田的各家，平日出入，互相友愛；防禦盜賊，互相幫助；一有疾病，互相照顧，那麼百姓之間便親愛和睦了。辦法是：每一方里的土地爲一井田，每一井田有九百畝，當中一百畝是公有田，以外八百畝分給八家作私有田。這八家共同來耕種公有田。先把公有田耕種完畢，再來料理私人的事務，這就是區別官吏和人民的辦法。這不過是大略的想法而已，至於詳細的情形，就在於國君和你本人了。」

這是孟子的土地改革政策，表面上是傾向復古，實際上充滿烏托邦色彩，是否具有可實行性，乃成問題。不過，這倒顯示出，孟子眞正關心人民的經濟民生問題，不是只空喊道德理想而已。孟子所構想的井田制度，是鄉村社區的整體規劃，除了能挽救瀕臨崩潰的農村經濟外，還可以達到社會安定——出入相友，守望相助，疾病相扶持——的目標。

孟子平素所提倡的治國理論固然合理，然而是否能應付當時現實的情勢呢？是否能解決現實上的困局呢？

滕國是小國，夾在齊、楚、三晉之間，處境自是十分艱難。最近，齊國在薛地增强軍事設施，顯示有意對南方擴充勢力。滕文公因此而悶悶不樂，有一天和孟子談到此事：

「齊國人準備加强薛地的軍事設施，我十分擔心，您說怎麼辦呢？」

孟子答道：

「從前周太王居於邠ㄅㄧㄣ地，狄人來侵犯。他便避開，搬到岐山下定居。這並非是太王自願選擇的，而是不得已啊！要是一個君主能實行仁政，即使他本人沒有成功，他的後代子孫一定會有成爲帝王的。有德君子創立功業，傳之子孫，正是爲着一代一代地能够承繼下去。至於能不能成功呢，也得依靠天命。您怎樣去對付齊人呢？只有努力實行仁政罷了。」

面對這種現實情況，孟子也只能慨嘆着：「不得已啊！」這是「盡人事，而聽天命」的無可奈何。

問題依舊沒有解決。不久，滕文公問道：

「滕國是一個弱小的國家，處在齊國和楚國之間。服事齊國好呢？還是服事楚國呢？」

孟子說：

「這個問題不是我的能力所能解決的。若要講，那就只有一個辦法：把護城河挖深，把城牆築堅固，同百姓一道來守它，若百姓肯犧牲生命不離開，那就可爲了。」

事實上，孟子並非不知道他那套仁政理論是無法立竿見影，應付當前的難題，只是在「道」與「勢」的天秤上，他還是寧可堅持「道」而不願委曲於「勢」之下。但是，現實之「勢」是無法逃避的。因此，這便形成了歷史上理想主義的弱點——面臨現實困境的乏力。

【思考時間】

1. 孟子的井田論，大概的內容是：「方里而井，井九百畝，其中為公田，八家皆私百畝，同養公田；公事畢，然後敢治私事。」上文說到，這只是理想上的政策設計，至於能否實行，乃成大問題，原因何在？提示：從人口與土地面積分配的問題開始思考。

2.是不是理想主義者在現實上都屬於無能與挫敗者？

二、予豈好辯哉

當時，又有一個遊士集團從楚國到滕國來。他們的領袖名叫許行，奉行神農氏的農家學說，標舉「君民同耕」的思想。

許行謁見了滕文公，說：

「我這個由遠方來的人聽說您實行仁政，希望能得到一幢住所，做您的百姓。」

滕文公就撥給他房屋。

他有門徒幾十個，都穿著粗麻織成的衣服，以打草鞋織蓆子爲生活。

另有其他的學者，聽說滕文公實行仁政，也紛紛來到滕國。其中是陳良的門徒陳相和他弟弟陳辛，他們兩人背著農具，從宋國來到滕國，謁見文公，說：

「聽說您實行聖人之治，那麼，您也是聖人了。我們願意做聖人的百姓。」

後來，陳相見了許行，兩人聚談甚歡。陳相非常佩服許行的學說，便完全放棄了以前的信仰，改向許行學習。

有一天，陳相去拜訪孟子，轉述許行的言論，說道：

「滕君確實是個賢明的君主，雖然如此，但是也還不懂得大道。在上位的賢人應該和人民一道耕種勞動；自己做飯，而且也要爲百姓辦事。如今滕國有儲穀米的倉廩，存財物的府庫，這是損害別人來奉養自己，又怎能叫做賢明呢？」

孟子說：

「許子一定自己種莊稼才吃飯嗎？」

「對！」陳相答道。

「許子一定自己織布才穿衣嗎？」

「不！許子只穿粗麻織成的衣服。」

「許子戴帽子嗎？」

「戴。」陳相答道。

孟子又問：

「戴什麼帽子？」

「白綢帽子。」
「自己織的嗎?」
答道：
「不，用穀米換來的。」
孟子問道：
「許子爲什麼不自己織呢?」
「因爲怕妨害耕作。」
孟子問道：
「許子也用鍋子做飯，用鐵器耕田嗎?」
答道：
「對。」
「自己製造的嗎?」
答道：
「不，用穀米換來的。」
孟子便說：

「農夫用穀米換取鍋子和農具，不能說是損害了鐵匠；同理，鐵匠用鍋子和農具來換取穀米，難道說是損害了農夫嗎？而且許子爲什麼不親自燒窰冶鐵，做各種器械，什麼東西都儲備在家中隨時取用？爲什麼許子要這樣那樣一件件地和各種工匠做買賣？爲什麼許子這樣不怕麻煩？」

陳相答道：

「各種工匠的工作本來就不能和耕種同時進行的。」

孟子說：

「那麼，難道治理國家就可以和耕種同時進行嗎？可見社會必須分工合作。有在位者的職務，也有百姓的職務。只要是一個人，各種工匠的成品對他都是不可缺少的；如果每件東西都要親自製造才用，這是率領天下人疲於奔命。所以我說，有的人勞動心智，有的人勞動體力；心智勞動者統治人，體力勞動者被人統治；被統治者養活別人，統治者靠人養活，這是任何地方的共同原則。」

孟子接著列舉古代聖賢的歷史，來說明君民並耕說的不合理。堯、舜、禹帶領先民脫離蠻荒時代，克服天災，「當是時也，禹八年在外，三過其門不入，雖欲耕，得乎？」下及后稷，敎民耕種，栽培穀物，使人民安居樂業。又使契爲司徒之官，掌管教育，教導百姓五倫─父子有親、君臣有義、夫婦有別、長幼有序、朋友有信，使先民進入文明開化的階段。因此，孟子總結地說：「聖人之憂民如此，而暇耕乎？」

陳相說：

「如果聽從許子的學說，那就會做到市場上的物價一致，不會有詐欺行爲。縱令打發小孩子去市場，也沒有人來欺騙他。布匹絲綢的長短一樣，價錢一樣；麻線絲綿的輕重一樣，價錢便一樣；穀米的多少一樣，價錢也一樣；鞋的大小一樣，價值也一樣。」

孟子說：

「各種東西的品種質量本就不一致，這是自然的。它們的價格，有的相差一倍五倍，有的相差十倍百倍，有的相差千倍萬倍；你若不分精粗優劣，使它們一致，只是擾亂天下罷了。好鞋和壞鞋一樣價錢，製鞋的人難道肯幹嗎？聽從許子的學說，則率領大家走向虛僞，那能夠治理國家呢？」

許行的學說强調君民並耕，在上位的統治階層也要參加勞動，如此才會體恤民間疾苦，而不致於橫徵暴斂，置民於死地而不顧。他們這一遊士集團，身體力行，吃苦耐勞，以身作則，可以說是充滿了改革救世的精神。

孟子則以儒家的立場，強調建立和諧合理的人間秩序，分工而治，各有所司。所以說：「或勞心，或勞力；勞心者治人，勞力者治於人；治於人者食人，治人者食於人，天下之通義也。」因此，反對許行的君民並耕說。

在經濟政策方面，許行採取計劃經濟型態，統一價格；而孟子則贊成自由市場的經濟體系。

當時，除了儒家外，尚有道家、法家、墨家等重要的思想派別。各家爭鳴，互不相讓。孟子對當時的各家思想，如告子、許行、楊朱、墨翟、子莫，均毫不留情地加以批評。

有一天，弟子問及楊朱、墨子、子莫的學說。孟子說道：

「楊朱主張爲我，要他拔一根汗毛以利於天下，都不肯幹。墨子主張兼愛，摩禿頭頂，走破脚底，只要對天下有利，一切都幹。子莫主張中道。主張中道便差不多了。但是主張中道而缺乏彈性，不知變通，那就是固執於一。爲什麼不可固執於一呢？因爲有害於仁義之道，擧一而廢百啊！」

弟子公都子又問道：

「人家都說您好辯，請問，爲什麼呢？」

孟子說：

「我那裡好辯呢？我是不得已啊！人類社會的發展由來已久矣，一治一亂。當唐堯的時候，大水橫流，到處泛濫，大地上成爲蛇和龍的居處，人們無處安身；低地的人在樹上搭巢，高地的人便打造相連的洞穴。尚書說：『洪水警誡我們。』於是堯命令禹來治理。禹疏通河道，使水都流到大海裏，把蛇和龍趕到草澤裏，水順著河道流動，長江、淮河、黃河、漢水便是這樣形成。危險既已消除，害人的鳥獸也沒有了，人才能在平原居住。

「堯舜死了以後，聖人之道逐漸衰落，不時出現殘暴的君主；他們破壞民居來做深池，使百姓無地安身；破壞農田來做園林，使百姓不得衣食。邪說暴行又隨之興起，園林、深池、草澤多了起來；禽獸也就來了。到商紂的時候，天下又大亂。周公輔助武王，把紂王殺了，又討伐奄ㄧㄢ國，三年之後又把奄君殺掉了，並把飛廉趕到海邊，也加以殺戮，被滅的國家一共五十個，把老虎、豹子、犀牛、大象趕到遠方，天下的百姓非常高興。尚書上記載：『文王的謀略多麼光明！武王的功烈多麼偉大！幫助我們，啓發我們，直到後代，使大家都正大完美！』

「世衰道微，邪說暴行又起來了，有臣子殺死君主的，也有兒子殺死父親的。孔子深爲憂慮，於是編述了春秋史書。歷史的編纂，原是天子的職權，孔子越權而做了，所以他說：『了解我的，就在春秋這部史書！責罵我的，也在這部史書吧！』

「自此以後，聖王不再出現，諸侯無所忌憚，知識份子大發議論，楊朱、墨翟的學說充滿天下，於是天下的言論不屬於楊朱派，便屬於墨翟派。楊氏爲我，這是沒有君臣的觀念；墨氏兼愛，則是沒有父子的觀念。無父無君，是禽獸的行徑。公明儀說過：『廚房裏有肥肉，馬廄裏有壯馬，但是，老百姓臉上有饑色，野外躺著餓死的屍體，這是率獸食人啊！』楊朱、墨翟的學說不息止，孔子的思想不發揚，以致於邪說迷惑人民，阻塞了仁義的道路。仁義被阻塞，就導致率獸食人的局面，甚且人與人也將互相殘殺。我因此深爲憂懼，便出來捍衛古聖先賢的大道，抗拒楊墨的學說，駁斥錯誤的言論，使邪說不再流行泛濫。心裏產生錯誤的思想，則有害於行爲；不合正道的行爲，則有害於政治。即使聖人再度興起，也會同意我這番話的。

「從前大禹治服了洪水，天下才得太平；周公征服了夷狄，趕跑了猛獸，百姓才得著安寧；孔子編述了春秋，亂臣賊子才有所戒懼。詩經上說：『攻擊戎狄，痛懲荆舒，就沒有人敢於抗拒我。』像楊朱、墨翟這樣目無君上父母的人，正是周公所要懲罰的。我也要端正人心，消滅邪說，反對偏激的行爲，駁斥荒唐的言論，來繼承大禹、周公、孔子三位聖人的事業，難道我眞是喜歡辯論嗎？我是不得已啊！能夠以言論來反對楊墨的，也就是聖人的門徒了。」

在現實政治上求取理想的實現，孟子已經逐漸覺悟到無望了，然而，孟子的內心却日益湧現出强烈的衞道之情。世衰道微，邪說誣民，這是孟子在危機意識和憂懼意識下所興發的慨歎；面對著諸侯放恣，百家爭鳴的局面，孟子懷想古聖先賢開創華夏文明的艱難，於是以聖人之徒自任，言距楊墨，以犀利的辯論來護衞道統的緜續！

【思考時間】

1. 孟子批評許行的君民並耕說，你覺得許行的學說是否有可取之處？孟子主張分工專業的社會機體論；但是，「勞心者治人，勞力者治於人；治於人者食人，治人者食於人」，是否果真為「天下之通義」？

2. 孟子激烈批評楊朱、墨翟的學說，認為百家爭鳴，處士橫議，會導致邪說誣民，率獸食人；你覺得眞是這麼嚴重嗎？抑是應該具有開放的心靈，承認各家思想的價值，容忍各家思想都有表達宣揚的權利？

三、漂泊的尾聲

孟子在滕國的這一段時光，雖然滕文公執禮甚恭，無奈現實上的困境境接踵而來，孟子亦深感乏力，因此，又回到了家鄉。

鄉居的日子一向是那麼地恬靜而適意。孟子心裏頭想，不要再出遊了。然而，人生總有教人感到意外的時候。從魯國來了消息：魯君打算任用孟子的弟子樂正子治理國政。

消息傳來，連孟子都喜形於色。

公孫丑在旁邊問道：

「樂正子的能力很強嗎？」

「不！」孟子說。

「足智多謀嗎？」

「不！」

「見識廣濶嗎？」

「也不！」

公孫丑不解地問道：

「那麼老師您爲什麼聽到消息後高興得睡不著呢？」

孟子說道：

「他的爲人好善！」

「好善就夠了嗎？」

「好善就能夠治理天下了，更何況僅僅治理魯國呢？假如喜歡聽取善言，那麼天下的人都會從千里之外趕來把善言告訴他；假如不喜歡聽取善言，那別人會模仿他的態度說：『呵呵！我早已曉得了！』這呵呵的聲音面色，就會拒人於千里之外。士人被拒於千里之外，那麼阿諛諂媚的小人就會來了。和這種小人在一起，想治理好國家，可能嗎？」

這時，旁邊又有另一個名叫浩生不害的弟子問道：

「樂正子是怎樣的人呢？」

孟子答道：

「是個善人，信人。」

浩生不害又問：

「何謂善？何謂信？」

孟子答道：

「人人都覺得他可愛而不可惡，就叫做『善』；這些善，實際存在於他自身，便叫做『信』；生命中充滿了善，就叫做『美』；不但充實且又光輝地表現出來，便叫做『大』；既光輝地表現出來，又能化育萬物，便叫做『聖』；聖德到了神妙不可測度的境界，便叫做『神』。

「樂正子是介於前兩境界——善與信——之間，而在後四境界——美、大、聖、神——之下。」

樂正子從政後，便派人邀請孟子到魯國。孟子不推辭，也不像以前那樣在意於能否得到國君的重用。因此，在輕鬆的心情下，又來到充滿文化氣息的魯國都城。

「不治而議」，是戰國時代知識份子的特色，尤其是擁有聲名的知識份子領袖，如孟子，更有評議時政的權威和言論自由，甚至於連諸侯國君都得尊敬三分。

當孟子來到魯國，正好魯君打算派愼子爲將軍。孟子對這件事表示了看法：

「不先教導百姓，便征用他們打仗，這叫做『殃民』。殃民的人，不容於堯舜的時代。這種人卽使一戰便打敗了齊國，收復了南陽，尙且不可以——」

愼子聽了，很不高興地說：

「這是我所不了解的。」

孟子便說：

「我明白地告訴你吧。天子的土地縱橫一千里；如果不到一千里，便不能統治諸侯。諸侯的土地縱橫一百里；如果不到一百里，便不够來奉守歷代相傳的禮法制度。周公封於魯，是應該縱橫一百里的；土地並不是不够，但實際上少於一百里。如太公封於齊，也應該是縱橫一百里的；土地並不是不够，但實際上少於一百里。如今魯國的土地是方百里的五倍，你以爲假如有聖主明王興起，魯國是在被削減之列呢？還是在被增加之列呢？不用兵力，白白地取自那國來給與這國，仁人尙且不幹，何況殺人來求得土地呢？君子事奉君主，只是專心一意地引導他趨向正路，有志於仁罷了。」

這時，魯平公聽說孟子來到魯國，準備前往拜訪。正要外出，他所寵信的小臣臧ㄗㄤ倉請示道：

「平日您出外，一定把要去的地方通知管事的人。現在車馬已經都預備好了，管事的人還不知您要到那裏去，因此來請示。」

平公說：

「我要去拜訪孟子。」

臧倉說：

「您不尊重自己的身份，而先去拜訪一個普通人，爲的什麼呢？您以爲孟子是賢德之人嗎？賢者的行爲應該合乎禮義，而孟子辦他母親的喪事大大超過他以前辦父親的喪事，如此未必是賢吧？您不必去看他了！」

平公說：

「好吧！」

後來，樂正子知道了這件事，就去見平公，問道：

「您爲什麼不去看孟子呢？」

平公說：

「有人告訴我，孟子辦他母親的喪事超過他以前辦他父親的喪事，所以不去看他了。」

樂正子說：

「您所說的超過，是什麼意思呢？是辦父親的喪事用士禮，辦母親的喪事用大夫之禮嗎？是辦父親的喪事用三個鼎擺設供品，辦母親的喪事用五個鼎擺設供品嗎？」

平公說：

「不！我指的是棺槨ㄍㄨㄛ衣衾ㄑㄧㄣ的質料好壞。」

樂正子說：

「那便不能叫『超過』，只是前後貧富不同罷了。」

樂正子去見孟子，說道：

「我同魯君講了，他本來打算來看您。可是有一個寵臣臧倉阻止了他，因此魯君就不來了。」

孟子聽了，倒很平靜地說：

「一個人要幹件事情，是有一種力量在支使他；就是不幹，也是有一種力量在阻止他。幹與不幹，不是單憑人力所能做到的。我不能和魯君相見，是由於天命，臧倉那人豈能使我不和魯君見面呢？」

孟子想到孔子講過的一句話：「道之將行也與，命也。道之將廢也與，命也。」盡人事而聽天命，應該堅持的理想與原則，雖千萬人，吾往矣！但是能否成功，却還有許多主觀所無法控制的條件，這就是孟子所謂的「天命」。

孟子周遊至魯，已年近七十矣！孔子說：「七十而從心所欲不踰矩。」那是智慧圓熟的人生境界。孟子雖生性陽剛，元氣淋漓，但是到了此時，也逐漸歸向寧靜。像臧倉對他的破壞，已經不足以擾亂他的心湖了。

【思考時間】

評議時政是中國知識份子的傳統，除了戰國時代的「不治而議」外，東漢的太學生，明末的東林黨，皆是著名的例子。試問：這是好現象呢？抑是不好的現象？其次，在什麼環境與條件下，才能自由評議？

第九章　歸於平淡

君子有三樂，而王天下不與存焉。父母俱存。兄弟無故，一樂也；仰不愧於天，俯不怍於人，二樂也；得天下英才而教育之，三樂也。君子有三樂，而王天下不與存焉。

——孟子盡心篇上

一、薪火的傳承

從魯國回來後，孟子便絕意於仕途，專心講學授業；平日與弟子們朝夕相處論道，倒也蠻愜意。回首這十餘年來的遊歷經驗，偶爾不免升起些微的惆悵。人生不就像歷史的舞台嗎？絢爛和激情總是短暫易逝的，待驀然回首，却只留下清寂的心境。

黃昏時刻，孟子和幾位弟子出來散步。面對着夕陽，孟子有感而發地說道：

「仁言不如仁聲的深刻影響，善政不如善敎的獲得民心。善政，百姓怕它；善敎，百姓愛它。善政，得到百姓的財富；善敎，得到百姓的認同。」

敎育是心靈事業，惟有心靈獲得了淨化與安頓，人類才有眞正的希望。

在十餘年的奔走漂泊之後，孟子感受到政治的虛幻和屬於平淡的自得之樂。他告訴學生說：

「君子有三樂，而王天下並不包括在其中。父母健存，兄弟也都平安無事，是第一種樂趣；抬頭無愧於天，低頭無愧於地，是第二種樂趣；得以敎育天下優秀的人才，是第三種樂趣。君子有此三樂，然而王天下之樂並不包括於其中。」

孟子在敎育英才時，提出了五種敎育方式：

「君子敎育的方式有五種：有像及時的雨水那樣沾漑萬物的，有敎他修養品德的，有引他發揮才能的，有解答疑問的，還有以流風餘韻爲後人所私自學習的。這五種是君子的敎育方法。」

晚年的孟子以敎育爲職志，因此在這方面的體會也特別多。除了敎法不同，學

習也有其途徑和程序。

孟子說：

「羿教人射箭，一定拉滿弓；學習的人也一定要求拉滿弓。木工師傅教導徒弟，一定依循圓規矩尺，學習的人也一定要依循圓規矩尺。」

這是教學生尚無法獨立求知以前，一定要虛心接受老師的指導，不可好高騖ㄨ遠，躐ㄌㄧㄝ等求進。基礎的工夫，是每個初學者所必須紮實去做的。

過了基礎階段，學者就不能守成自滿，而應該要求突破。孟子接着說：

「木匠和車匠，只能教人各種規矩尺度，却不能教人進到高明巧妙的程度。」技巧進到高明巧妙的階段，只能靠學者自己的揣摩和創造了。

有一次，弟子公孫丑問道：

「君子不親自教育兒子，爲什麼呢？」

孟子答道：

「因爲在情勢上行不通啊！教育一定要用正道正理，若用正道正理而無效，接着就會怒言責備了。一生氣，那反而傷害感情。做兒子的要是反譏道：『您拿冠冕堂皇的道理來教訓我，自己却沒有做到！』如此便會導致父子之間的互相傷害。父子間互相傷害感情，很不好。所以，古時候的人，彼此交換兒子來教育，使父子之間不因求善而相責備。因責善而隔絕親情，世間沒有比這種事更不好了。」

又有一次，公孫丑覺得老師的境界實在太高峻了，有時難免令人感到不易跟得上；因此，在談話時，公孫丑反映出來：

「老師的道高極了，美極了，就像是登天一樣，似乎不能夠做得到；爲什麼不使它變成可以做得到，讓我們天天勤勉學習呢？」

孟子說：

「大師傅不會爲了笨拙的徒弟而改變或廢棄規矩方法；羿也不會爲了拙劣的射手而改變開弓的標準。同理，君子教人，如同教人射箭，張滿了弓，却不發箭，然而發箭的氣勢已活躍活現。所以君子教人，中道而立，堅守原則，能學的人就跟着去學。」

孟子主張「英才教育」，强調教育的成功，必須教者與學者雙方的配合和參與；教育者固然要引導學習者，但不需要過分降低水平；同理，學習者更要自我要求，力求上進。

孔子主張「有教無類」，但是孟子却有其條件限度。例如有一次，滕國國君的弟弟，名叫滕更，向孟子求敎，便遭到孟子的囘拒。

公都子覺得不解，問道：

「滕更來到您門下時，似乎也應該在禮待之列；然而您却不囘答他的問題，爲什麼呢？」

孟子說：

「凡是自恃尊貴來問的，自恃賢能來問的，自恃年長來問的，自恃功勳來問的，自恃老交情來問的，都不加以囘答。在這五條裏，滕更已經佔了兩條。」

又說：

「敎育的方法多啦！我不屑去敎誨他，這也是一種敎誨呢！」

「不敎之敎」，也是一種敎法；這種敎法，是用來警惕學習者應先具有尊重知識的虛心和誠意。

孟子對每一個來學習的人，都先加以觀察。他說：

「觀察一個人，再沒有比觀察他的眼睛更好了。因爲眼睛不能掩飾他心中的惡念。當一個人心正，眼睛就明亮；心意不正，眼睛就昏暗不明。聽一個人說話，注意觀察他的眼睛，這人的用心豈能掩飾呢？」

在實際的教學活動中，孟子強調懷疑批判的精神，尤其在研究歷史的時候。孟子告訴學生說：

「如果完全相信書本上的記載，而不懂得動腦筋去思考和判斷，那倒不如沒有書籍。我對於周書武成一篇，所取用的不過是二、三片竹簡而已！仁人無敵於天下，像周武王這樣仁愛的人來討伐商紂這樣極爲不仁的人，怎麼會戰得血流漂杵呢？」

講到這裏，天色暗了下來，夕陽早已滾下遠處的西方山頭。孟子和弟子們慢慢地折回居處。晚風徐來，大家都感受到智慧的充實與心境的寧和。

「像及時的雨水那樣沾溉萬物啊！」這不是正好足以形容老師的教誨？

【思考時間】

1. 孟子說：「得天下英才而教育之。」孔子說：「有教無類。」你喜歡那一種態度？為什麼？

2. 孟子相信「仁人無敵於天下，以至仁伐不仁，不應該至於血流漂杵」，因此不完全相信史書上的所有記載；你認為這種態度是否客觀？抑或失之主觀？

二、聖賢典型的懷想

在故居的一間講堂裏，孟子和幾位弟子席地而坐，談論有關古代的聖賢事跡。這是五月的早晨，穿透過樹葉的陽光篩進屋裏，氣溫清爽，一切都顯示出這將是令人愉快的一天的開始。

萬章把身體稍稍挪向前傾，問到如何開拓人生視野的問題。

孟子並不直接作答，而就最近常提的論題——交友——談下去：

「一鄉之中的優秀人物便和那一鄉的優秀人物交朋友，全國性的優秀人物便和那一國的優秀人物交朋友，天下性的優秀人物便和天下的優秀人物交往。

「如果和天下性的優秀人物交友還不滿足，便得再和古代的人物對話。吟詠古人的詩歌，研究他們的著作，而不了解古人的生平行事可以嗎？所以我們要研究討論他那一個時代。這就是走進歷史，與古人交朋友。」

開拓人生的視野，除了橫的方面要多交結天下豪傑善士，在縱的方面還要上友古人，以「知其人，論其世。」進入老境的孟子，愈體會到文化傳統之緜續的意義，尤其是古聖先賢的形象，一天比一天生動而親切地浮現上來。

孟子接着又說：

「聖人是百世之師，伯夷和柳下惠便是這樣的人。所以聽到伯夷的德風，貪得無厭的人清廉起來，懦弱的人也會立起志向來；聽到柳下惠的德風，刻薄的人厚道起來了，胸襟狹小的人也寬大起來了。他們在百世以前卓然獨立，而百世以後，領受遺風的人沒有不感動奮發起來的。要不是聖人，能夠像這樣嗎？百世以後還如此，更何況能夠親自接受敎化的人呢！」

萬章聽了，便請求老師繼續講述伯夷、柳下惠的事蹟。孟子的眼神光亮起來，似乎親見這些古聖先賢來到面前。於是，他緩緩說道：

「伯夷，他眼睛不看不正當的東西，耳朵不聽不正當的聲音。不是他理想的君主，不去侍奉；不是他理想的百姓，不去使喚。天下太平，他就來做事；天下混亂，就退居鄉野。有暴政和暴民的地方，他都不肯居住。他以爲和鄉下佬相處，好像穿戴禮服禮帽站在泥塗炭灰之上。當紂王的時候，他隱居北海之濱，等待天下的清平。所以聽到伯夷的爲人，貪得無厭的人都廉潔起來，儒弱的人也都立起志向來。

「至於伊尹，他說：『那個君主不可侍奉？那個百姓不可使喚？』因此，天下太平也出來做官，天下混亂也出來做官，並且說：『天生這些百姓，就是要使先知覺後知，先覺覺後覺。我，就是人類的先覺者，有責任來開導這些人。』他這樣想：天下的百姓中，只要有一個男子或婦女沒有沾潤堯舜之道的好處，便好像自己把他推落山溝中一樣——他便是這麼一個以天下爲己任的人！

「柳下惠則不以侍奉汚下之君爲羞，也不嫌棄卑下的官職。立於朝廷，不隱藏自己的才能，但一定按他的原則辦事。被冷落摒棄時不抱怨，窮困時也不憂傷。和鄉下佬相處，他也能悠然自得，捨不得離開。他的看法是：『你是你，我是我，縱然你赤身露體站在我旁邊，又怎能玷辱我呢？』所以聽到柳下惠風節的人，胸襟狹小的人也寬大起來，刻薄的人也厚道起來了。

「孔子呢？他離開齊國時，不等待把洗好的米下鍋，撈起來就走；離開魯國的時候，却說：『我要慢慢走啊！』這是因爲離開祖國的緣故。應該馬上走就馬上走，應該繼續幹就繼續幹，應該隱居就隱居，應該出仕就出仕，這就是孔子。」

孟子一口氣敍說到此，稍爲停頓，又說：

「伯夷是聖人中清高的人，伊尹是聖人中負責的人，柳下惠是聖人中隨和的人，孔子則是聖人中懂得因時制宜的人。孔子，可以說是集大成的人。集大成的意思，好比是奏樂時用金鐘的聲音來發端，用玉磬ㄑㄧㄥ的聲音來收尾一樣。鐘聲，是衆樂合奏時節奏條理的開始；磬聲，是衆樂合奏時節奏條理的結束。條理的開始在於智；條理的終結在於聖。智好比技巧，聖好比力氣。猶如在百步外射箭，能射到，是由於你的力量；能射中，却不只靠你的力氣，而是要靠技巧了。」

公孫丑在一旁問道：

「伯夷、伊尹和孔子，他們不是一樣的嗎？」

孟子答道：

「不！從有人類以來沒有能比得上孔子的。」

公孫丑又問：

「那麼，在這三位聖人中，有相同的地方嗎？」

孟子答道：

「有。如果得到方百里的土地，而以他們爲君王，他們都能够統一天下，使諸侯來朝見。如果叫他們行一不義，殺一無辜，因而得到天下，他們都不會做的。這是他們相同的地方。」

公孫丑說：

「請問，他們不同的地方又在那裏呢？」

孟子說：

「宰我、子貢、有若三人，他們的聰明才智足以瞭解聖人，卽使誇大了些，也不致於存着私心，憑白恭維他們喜歡的人。宰我稱讚說：『以我來看老師，勝過堯舜多了。』子貢說：『前代的帝王，早已人亡政息；但是孔子看了他們遺留的典章制度，就能推知他們的政事；聽了他們製作的樂曲，就能推知他們的道德人格；從百代以後，品評百代以前的帝王，沒有人能逃出他的觀察。自天生人類以來，沒有比夫子更偉大的了！』有若也讚道：『何只人類呢？麒麟對於走獸，鳳凰對於飛鳥，泰山對於土堆，河海對於小溪，何嘗不是同類？聖人對於一般人，亦是同類，只不過他遠遠超出了同類，挺拔突起。自天生人類以來，沒有比孔子更偉大的了。』」

望向歷史，孟子看到的是聳立峻偉的聖賢巨人，他們帶領整個民族渡過苦難和危機，開創民族文化的格局，點醒人人本有的道德本心，爲這個世界的進步、和平、美善、秩序，貢獻他們的睿智與心力。堯、舜、禹、后稷、契、湯、伯夷、柳下惠、伊尹、文王、周公、孔子，雖然各有獨特的形象，但同是華夏文化與歷史的領航者！懷想這些聖賢，愈激發「爲天地立心，爲生民立命，爲往聖繼絕學，爲萬世開太平」的使命感。

也許是由於時間和空間的距離較近吧，孟子從年輕的時候起便私淑孔子，以孔子作爲精神的導師，也期望自己能追隨於後，繼承統緒。如今，年老了！孟子輕輕地嘆息一聲，說道：

「從堯舜到湯，經歷了五百多年，像禹、皐ㄍㄠ陶一ㄠ那些人，便是親身看到而知道堯舜之道的；像湯，便是只聽到而知道堯舜之道的。從湯到文王，又有五百多年，像文王、萊朱那些人，便是親自看見而知道聖人之道的；像文王，便只是聽到而知道聖人之道的。從文王到孔子，又有五百多年，像太公望、散宜生那些人，便是親自看見而知道的；像孔子，便只是聽到而知道的。從孔子以後到今天，只有一百多年，距離聖人的時代這樣近，又如此接近聖人的家鄉，然而已經沒有親見而知道聖人之道的人了，那麼將來耳聞聖人之道的也將絕跡吧！」

講到這裏，孟子站起來，踱向門廊。晌午了，外面一片亮麗，幾個小孩正在樹下玩遊戲，不時傳出喊叫的聲音。

生命，只是歷史中的一部分。

【思考時間】

1. 孟子經常講述古代聖賢的光輝人格，並常以聖賢自期，說明了孟子具有強烈的歷史意識和使命意識。今天是民主時代，是否需要發揚尊崇聖人的精神？是否需要強調古聖先賢開創民族文化基業的功績？為什麼？

2. 尊敬聖賢和崇拜英雄，禮拜上帝是否一樣？

三、狂狷與鄉愿

萬章是孟子晚年弟子中，天份最高，也是最具思考能力和批判能力的弟子。

這一天，師徒兩人又講論到孔子的行誼。萬章臨時想到一個問題，問道：

「孔子在陳國時，遭歷困阨，曾經感慨地說：『何不歸去呢！我的家鄉還有一羣志氣大而缺乏閱歷的青年，很有進取心，還沒喪失掉當初的志向。』孔子在陳國，爲什麼想念魯國這些狂放的人？」

孟子說：

「孔子得不到中道而行的人來傳授，必然只有傳授給這些狂狷之士了！狂者有進取心，狷者有所不爲。孔子難道不喜歡中道而行的人嗎？不一定能得到，所以就想到這些次一等的人啊！」

萬章問：

「請問，怎麼樣才是狂呢？」

答道：

「像琴張、曾皙、牧皮這類人就是孔子所說的狂者。」

問道：

「爲什麼說他們是狂放的人呢？」

孟子說。

「他們志大而言大，一開口就說：『古人呀！古人呀！』可是考察他們的行爲，却不一定能吻合自己的言論。這種狂放之士如果又不可以得到，便和不屑於做壞事的人來交友，這就是狷介之士，這又是次一等的。孔子說過：『從我的門口經過而不進到我屋裏來，我卻不因此感到遺憾的人，恐怕只有那些鄉愿ㄩㄢ了！鄉愿是賊害道德的人啊！』」

「怎樣才算是鄉愿呢？」萬章問。

孟子答道：

「鄉愿批評狂者說，何必那樣誇張呢？言論不顧行爲，行爲也不顧言論，就只說，古人呀，古人呀！又批評狷介之士說，何必落落寡合呢？生在這世上，就要照這世上的流俗來做人，只要大家說我好就好了。像這種八面玲瓏，四方討好的人，就是鄉愿。」

萬章問：

「全鄉的人都說他是老好人，他也到處表現出是一個老好人，孔子竟看他是賊害道德的人，爲什麼呢？」

孟子答道：

「這種人，要指責他，却又舉不出什麼大錯誤來；要責罵他，却也無可責罵的；他只是同流合汚，居心好像忠誠老實，行爲好像方正清潔，大家也都喜歡他，他也自以爲不錯，但是與堯舜之道完全背離，所以說他是賊害道德的人。孔子說過，厭惡那種外貌相似而內容全非的東西；厭惡狗尾草，因爲怕它把禾苗搞亂了；厭惡玩弄聰明，因爲怕搞亂了義理；厭惡口齒伶利的人，因爲怕把信實搞亂了；厭惡鄭國的音樂，因爲怕搞亂了雅樂；厭惡紫色，因爲怕把大紅色搞亂了；厭惡鄉愿，就是怕混亂了道德。君子使一切事物回到經常正道便行了。經常正道不被歪曲，老百姓就會奮發積極，如此就沒有邪惡之事了。」

孟子以其深湛的智慧洞見到危機並不在於善良與邪惡的對峙，而是在於僞善的充斥泛濫，以及所造成是非混淆的情況。當世界上沒有人敢公開批評邪惡時，邪惡已經暗地滋長了。

在孟子和萬章的對話中，孟子顯然最尊崇「中道而行」的人，其次是狂者，再其次是狷者，而最痛恨鄉愿。他藉着孔子的話說：「惡似而非者：惡莠，恐其亂苗也；惡佞，恐其亂義也；惡利口，恐其亂信也；惡鄭聲，恐其亂樂也；惡紫，恐其亂朱也；惡鄉愿，恐其亂德也。」這段話一針見血，對僞善的鄉愿毫不寬容，眞是痛快淋漓！

孟子强調「可爲」與「不可爲」之分際的堅守，他說：

「一個人有不肯做的事，然後才能有偉大的作爲。」

又說：

「不要去做所不應該做的事，不要希求所不應該要的東西。做人的道理，就是這樣罷了！」

萬章覺得老師今天的講論實在精彩！但是對於什麼是「中道而行」，却體會不太深。因此，他就換個話題，向孟子請教問道：

「請問互相交際是表示什麼意思呢？」

孟子答道：

「表示恭敬。」

萬章說：

「把送來的禮物堅決推辭不受，便是不恭敬，爲什麼呢？」

孟子說：

「假使尊長賜給你禮物，你心裏先想一想：『這禮物，他得來是正當？抑或不正當？』然後才接受；這樣做便是輕慢不恭敬了，所以不要推却才好。」

萬章說：

「我說，拒絕他的禮物，不明白說出，只是心裏不接受罷了。心裏說：『這是他取自百姓的不義之財呀！』因而用別的藉口來拒絕，難道不可以嗎？」

孟子說：

「只要他是以道相交往，以禮相對待，這樣卽使是孔子也會接受禮物的。」

萬章想了想，又問道：

「如今有一個在國都郊野攔路搶刼的人，他也以道相交往，以禮節餽贈禮物，這種情形也可以接受嗎？」

孟子說：

「不可。書經康誥上說：『殺了人，又刼取財物，强横不怕死，所有的人民，沒有不怨恨他的。』這種人，是不必經過教訓就可以誅殺的。這個法律，夏商周，三代相傳，都是不必經過審訊就可以誅殺的，尤其是現在的治安情況特別嚴重，怎麼可以接受他的餽贈呢？」

萬章說：

「今天這些諸侯，索取人民的財物，也和攔路搶刼差不多。假如把交際的禮節搞好，君子就接受了他的餽贈，請問這又是什麼道理呢？」

孟子說：

「你以爲如有聖王興起，便將現在的諸侯一律都殺了呢？還是先教訓他，不肯更改以後再殺呢？至於說，不是自己所有而拿別人的，就叫做盜。這句話只不過是就其類而擴充之，推至義的盡頭的說法罷了，並不是眞盜。從前孔子在魯國做官，每逢祭祀的時候，大家一起出去打獵，爭較獵物所得的多少，叫做獵較，孔子也隨俗同他們一樣做。這種不合理的獵較風俗，孔子尚且隨從着，何況是接受諸侯所賜的禮物呢？」

萬章說：

「那麼，孔子的做官，不是爲着行道嗎？」

孟子說：

「爲着行道。」

萬章說：

「既然爲着行道，爲什麼又去從俗獵較呢？」

孟子說：

「孔子先用文書規定祭祀所用的器物和祭品，不用別處的食物來供祭祀，所爭奪來的獵物原爲着祭祀，現在既不能用來供祭祀，便無所用之，爭奪獵物的風氣自然會逐漸廢止了。」

萬章說：

「孔子這樣做，到頭來還是行不通，那麼爲什麼不離開魯國呢？」

孟子說：

「君子做官，先得試行一下。試行的結果，他的主張可以行得通，而君主却不肯行下去，這才離開。所以孔子不曾在一個國家淹留三年之久的。孔子做官，有的是因爲看到可以行道，有的是接待有禮，有的是因爲國君誠意養賢。在季桓子時候，他是看到可以行道而出仕。在衞靈公時候，他是因爲接待有禮而出仕。在衞孝公的時候，他是由於國君誠意養賢而出仕。」

萬章聽到這裏，終於明白了「中道而行」的態度，雖可以因時制宜，但是依然有其根本不變的原則。這是絕對不同於「鄉愿」之處。

【思考時間】

1. 從萬章與孟子的對話中，可以發現到當時師生之間的開放的討論態度。請問，這是否可通於古代希臘的哲諺：「吾愛吾師，更愛真理」？

2. 在今天的社會裏，是否也充滿「鄉愿」型態的人物？孔子和孟子為什麼如此痛恨鄉愿人物？為什麼鄉愿心態的泛濫是真正的道德危機？

第十章　樂道的晚境

萬物皆備於我矣。反身而誠，樂莫大焉。強恕而行，求仁莫近焉。

——孟子盡心篇上

一、哲學的圓熟

性善論是孟子整體思想的基礎。惟有肯定了人具有向善的可能性，在成己方面才能成聖成賢，在成物方面才能開展出仁政。換言之，惟有在性善論的基礎上，「內聖外王」的理想才可能實現。

孟子到了晚年，關懷的方向逐漸由現實政治上，轉移到生命的圓成與境界的提昇。孔子，是他一生最景仰的人，曾說過：「五十知天命。」那是對宇宙人生的終極眞理的體悟。老年的孟子，精神矍鑠，也日漸體悟到了孔子所說的「知天命」。他說：

「能夠充盡我們所本有的良心，就可以體認到人性了。能夠體認到人性，也就可以體認天命了。能夠保存本有的良心，培養本有的善性，就是事天之道。短命也好，長壽也好，都沒關係，我只修養身心以等待天命，這就是安身立命的人生態度。」

一般認爲，「天命」是遙遠的、難測的、形上的，因此，產生種種的說法，有的把「天」當作創造世界的上帝，有的認爲「天」就是自然界的最高原理，有的乾脆持「不可知論」的態度。孟子秉承儒家的哲學觀點，認爲客觀的天道和主觀的人性具有相同的本質。因此，體認天道的方法，只在於擴充良心的四端——惻隱之心、羞惡之心、恭敬之心和是非之心，進而體認到人人所本有的善性。既知如何體認天道，那麼面對天道的態度，就在於存養我們的良心善性，而不必訴諸於宗教的祈禱或科學的分析研究了。

人類自身所能肯定的只是「應該」與「不應該」的道德抉擇，「是」與「非」的知識判斷，至於人力所不能及的「偶然」，又該怎麼辦呢？孟子提出了「立命」、

「正命」的觀念。

孟子說：

「人的吉凶禍福，無不是天命，但依理而行，所接受的便是正命了。所以，能夠體認天命的人，不站在危牆的底下。能够充盡存心養性之道而死的，就是正命；若因違背道理，犯罪而死，那就不是正命了。」

這裏說得很淸楚，體認天命的人，首先要愛惜自己，尤其要肯定成聖成賢之道。如此，盡人事之後，若面臨吉凶禍福，便能坦然處之。有些人相信命運，因此就把一切是非成敗歸於命運，而逃避了做人的責任；這是孟子所不贊成的，所以說：「知命者不立乎巖牆之下。」把生命交給命運的人，就是最不懂得命運的人。

孟子又說：

「仁義禮智，自己去求的話，就能得到，捨棄就會失掉；這種追求有益於人生意義的完成，因爲所求的是我自己本性所具有的啊！然而，像富貴利達，吉凶禍福，雖然有求取的方法，但能否得到，却不是自己所能決定；這種追求是無益於人生意義的建立，因爲所追求的是身外之物啊！」

孟子只問「應然」的問題，而不問「實然」的問題。應不應該去做一件事情，這是每個人在自己心中都可以做判斷的，只在於是否願意而已。因此說，「求則得之，舍者失之。」至於在現實世界上，是否「善有善報，惡有惡報」呢？這就不是從主觀的道德意願所可以決定的。至於其他之吉凶禍福，更往往在人力範圍之外。因此說，「求之有道，得之有命。」

若懂得這個道理，那麼，人生中許多的痛苦煩惱便可以「理」化解。孟子說：「萬物皆備於我矣！反身自省，如果是眞誠無欺的，那便是最大的快樂。不斷地實踐推己及人的恕道，這便是最直捷的求仁之道。」

如果從空間的大小和時間長短來比較，那的確會爲人類的渺小而感到沮喪，甚至會感到人生只是一個小泡沫，那有什麼意義可言？但是，孟子告訴我們，這個龐大的宇宙萬物如果有意義，那是由人類所賦予它的；宇宙萬物如果絢爛美麗，那也要有待於人類去欣賞和讚美啊！從認知的觀點而言，人是宇宙的中心；從價值創造的觀點而言，人更是宇宙的中心。

肯定人類的存在尊嚴，是根據人具有「雖有限而可無限」的人性基礎。一旦在修養實踐中，反省到自己確是眞誠於道德良心，那麼，即使遭遇橫逆挫折，誹謗打擊，也能獲得自我肯定的快樂。這是眞正的快樂。

不僅止於此，還要把仁心推擴出去，也讓別人能夠分享到道德的光輝。「親親而仁民，仁民而愛物。」猶如同心圓的水波，生命的價值須要不斷地向外延展，以至於無窮。

如果能達到這般境界，便是聖人。孟子想到孔子的人生境界，他說：

「孔子登上了東山，便覺得魯國小了，登上了泰山，便覺得天下也變小了。所以對於看過汪洋大海的人，小河小溪便難於吸引他了；對於曾經在聖人門下學習的人，便不敢輕易發表議論了。觀看水也有方法，一定要觀看它的壯濶波瀾。日月的光輝，普照天地萬物。流水的性質是不注滿坑窪便不向前流的；君子立志求道，不到『誠於中而形於外』的境界，便不能說是通透明達的。」

又說：

「成德君子所經過的地方，便普施教化；所關注的地方，便得以自我實現。他的人生境界，可以上下與天地一起周流變化。」

孟子講人生的最高境界是「上下與天地同流」，意思是說，聖人體證了天地之道是生生不已的創造，因此，聖人所到之處，也得讓百姓都有提昇生命和實現自我的機會。這就圓滿了「成己」與「成物」，「內聖」與「外王」的終極理想。

【思考時間】

1. 孟子說：「孔子登東山而小魯，登泰山而小天下。」啓示了我們什麼意義呢？

2. 我們對「命運」都充滿了好奇和茫然，請問你自己對「命運」有什麼看法？孟子說：「殀壽不貳，修身以俟之，所以立命也。」又說：「知命者不立乎巖牆之下。盡其道而死者，正命也。」這對命運採取什麼態度呢？

3. 什麼是真正的快樂？官能的享受？知識的追求？愛情的陶醉？孟子說：「反身而誠，樂莫大焉。」為什麼呢？

二、隨機立教

時序代遭，周而復始，歲月就在不知不覺中靜靜地流逝。又是多去春來的季節，氣溫逐漸地回升，人羣開始走向室外，樹梢枝頭也聽到了鳥鳴雀叫。這一天，幾個中年和青年的讀書人，陪着一位老者出來散步。那是孟子和弟子們。他們慢慢走着，談論着，也傾聽着，思想着。走到一條小溪畔，他們停了下來。

一位中年的弟子問道：

「從前孔子屢次稱讚水，說：『水呀！水呀！』流水有什麼值得讚美效法？」

孟子頷首笑道：

「有本源的泉水滾滾地往下流，晝夜不停，把窪下之處注滿，又繼續向前奔流，一直流到海洋去。有本源的事務便像這樣，孔子取這一點罷了。假若沒有本源，一到七、八月間，豪雨驟下，大小溝渠一下子便滿了；但是一會兒也就乾涸了。所以，表面的虛名如果超過了實際，君子會引以爲恥。」

大家沉默了一陣，望着溪裏的滔滔流水，似乎咀嚼不盡剛才這段話的深意。

過了溪橋，又有一個年紀較輕的弟子問道：

「眞正的聖人之樂是什麼呢？」

孟子答道：

「擁有廣大的土地，衆多的人民，是君子所希望的，但是樂趣不在這兒；居於天下的中央，治理天下的百姓，君子固然喜歡，但也非其本性所在。君子所秉受的天性，縱使他的理想實行於全天下也不會因而增加，縱使窮困退隱也不會因而減損，因爲肯定了人性尊嚴的緣故。君子的天性，即在心中具備仁義禮智的端緒，因此，顯示出的氣象，淸和溫潤的神情表現在臉上，充盈在背部，以至於手足四肢，而在整個行爲動作中都可以感受到美聖與高潔。」

顯然地，孟子對人生價値的肯定已經逐漸從政治層面轉到仁義禮智的德行層面；惟有在這個層面上，人才能自做主宰，才能超越成敗禍福的覊絆。

這時候，另一位侍立在旁的年輕人恭敬地問道：

「老師，您一向强調心靈的主宰作用。請問，人格完美的聖人又如何看待他的身軀容貌呢？」

孟子答道：

「人的身軀容貌也是天生的。惟有聖人在盡心知性，存心養性之後，才能恰當不過份地對待自己的身軀容貌。」

孟子講過，養心莫善於寡欲。又說，從其大體（良知）爲大人，從其小體（官能）爲小人。因此，有些弟子對於身體形軀的態度，往往不知道如何才好。其實，孟子告訴我們，放縱官能固然不對，壓抑它也不對。生而爲人，惟有存養心性之後，才能隨心所欲不踰矩，不爲形軀的奴隸，而達到靈肉和諧的境界。

陽光下的溫度逐漸升高，他們一行人經過一棵枝葉扶疏的大樹，就在樹下稍事休息。

這時，有人問到爲學做人的方法。孟子說道：

「君子依循正確的方法來得到高深的造詣，就是要求他自覺地有所得。自覺地有所得，就能肯定而不動搖；肯定之後就能具有深厚的憑藉根據；有所深厚的憑藉，便能取之不盡，左右逢源。因此，君子在爲學做人方面，最重要的是求自覺地有所得。」

親自去體驗一番！這是最基本的原則。使知識成爲眞實的知識，要經過親自的觀察和實驗；使道德的教訓不致於成爲表面文章，就要自我要求，力行實踐。惟有「自得」的知識和智慧，才是最眞實而不會動搖的；也由於信念的堅定，因此在待人處世上便不致於矛盾衝突，而可以享受意義豐富的人生了。

孟子接着又說：

「仁的勝過不仁，正像水可以撲滅火一樣。如今行仁的人，好像用一杯水來救一車柴木的火，無法打滅，便說水不能滅火。這種說法，反而大大地助長了那些不仁者的氣焰，最後一定弄得連一點點仁道都沒有才罷了。」

「請問，那該如何行仁呢？」

孟子說：

「五穀是所有農作物中最好的，但是若不成熟，那倒不如稊ㄊㄧˊ稗ㄅㄞˋ。仁呢，也在於使之成熟而已！」

「至於不仁的人呢？」

「不仁的人難道可以同他商議嗎？他們眼見危險而無動於衷，趁着災難時謀取利益，把荒淫暴虐這些足以導致亡國敗家的事情當作快樂來追求。不仁的人如果還可以同他商議，那怎麼會發生亡國敗家的事情呢？從前有個小孩歌唱道：『滄浪的水清呀，可以洗我的帽纓；滄浪的水濁啊，可以洗我的兩腳。』孔子說：『學生們聽着！水清就洗帽纓，水濁就洗腳，這都是水本身決定的。』所以，人一定先輕慢自己，然後別人才輕慢他；卿大夫家必先自取毀敗，然後別家才毀敗他；諸侯國必先自取攻伐，然後別國才來攻伐他。書經太甲篇上說：『上天造的罪孽還可以逃避；若是自造罪孽，那就逃不了！』就是說的這種情形啊！」

在溫和的天氣下，年老的孟子的心境十分開朗愉快。他喜歡從容而悠閒的日子，尤其是和年輕一輩的弟子在一起溝通思想，討論問題。像現在，大家自由自在地思考着，談說着，一點也不呆板，不拘束；因此，思想之泉就在恬靜的氣氛下汩汩地流着。孟子興緻一來，就說了一個當初在齊國時聽來的故事。

那時候，有個齊國人，家裏有一妻一妾。那位先生每次外出，一定吃得飽飽地，喝得醉醺醺地回家。

他妻子問他和何許人物一起吃喝，他打個酒嗝，說道：

「噢——當然是有頭有臉的顯要人物，就是說了名字，你們婦道人家又懂得什麼？」

妻子默不吭聲。到了晚上，偷偷地和妾商量：

「每次先生外出，一定酒足飯飽才回家；問他和什麼人吃飯，據他說，全是一些有錢有勢的人物。但是，我們可從沒看過什麼顯貴的人物到我們家裏來。因此我準備瞧個究竟，看他到底在幹啥事。」

第二天，一清早起來，她便遠遠地尾隨在先生後面。走呀走的，已經快走遍了城中，還沒看見有人站住和她先生說話的。到了中午，走到東郊外的墓地，才看到他走近掃墓的人那裏，乞討些殘菜剩飯來吃，吃不够，又東張西望地跑到別處去乞討。

妻子先回到家裏，便把所看到的情況告訴妾，說道：

「丈夫，是我們仰望終身的人，現在竟是這樣——」

說着，兩人悲從中來，便哭泣了起來，一起訕笑她們的丈夫。

剛止住了哭泣，作丈夫的又醉醺醺地跨入門來，說道：

「今天啊，呃——又參加了城東王家的生日酒宴——」

孟子說到這裏，下了結論：

「由君子看來，有些人乞求升官發財的方法，實在很少不會使他們妻妾引爲羞恥而哭泣的。」

又說：

「人不可以沒有羞恥心，不能以自己所偶犯的無恥之事爲可恥，就能改行從善，終身便不再會有恥辱之累了。」

【思考時間】

孟子說：「仁之勝不仁，猶水勝火。」這句話是表示道德信念呢？抑是事實的敍述？若是後者，是否要理論和經驗上來支持此說法的成立？又，假如這句話在事實上不能成立，是否會減損其意義？

三、智慧的遺痕

孟子已經上了高齡，希望趁着還有精力的時候，整理一生的思想成績。因此，他把萬章、公孫丑兩人找來，吩咐他們整理著作的工作。這是一件不容易做的事情。由於當時書寫工具和技術的不進步，在孟子漫長的一生中，雖然發表了不少的議論，但是記錄下來的並不多，而且，還有大部分散在各處弟子的手上。現在，第一步的工作，就是要把分散的言論記載加以纂集起來。

萬章和公孫丑兩人便分頭着手進行。

過了一段時間，午後，萬章正在翻檢一篇一篇漆墨刻寫的竹簡，上面刻寫着以前老師所諄諄教誨的言論……

孟子曾經講過一則故事：

從前有人送條活魚給鄭國大夫子產，子產就叫管池塘的人養在池裏，但是那人却把魚煮了吃掉，然後回報說：

「剛把魚放下水池時，只見它懶洋洋地。過了一會兒，就搖着尾巴，突然間游得不知去向！」

子產說：

「這尾魚眞是得其所哉，得其所哉！」

管理池塘的人出來，得意洋洋地說道：

「誰說子產聰明？我都把魚煮了吃掉，他還說：『得其所哉！得其所哉！』」

孟子就這則故事，下一個結論：

「對於君子，可以拿合乎情理的事去欺騙他，却不可以拿不合情理的事去欺騙他。」

孟子說：

「每個人都有不忍之心，把這不忍之心推擴到所忍心做的事上，便是仁。每個人都有所不爲之心，把這有所不爲的心推擴到平素所爲的事上，便是義。換言之，人能够把不想害人的念頭擴而充之，仁便用不盡了；人能把不想挖洞跳牆、雞鳴狗盜的想法擴而充之，義便用不盡了；人能够把不受輕賤的實際言行擴而充之，以至所言所行都不會遭致輕賤，那無論到那裏都合於義了。

「一個知識份子，不可以和他談論却去和他談論，這是用言語來引誘他，以便自己取利；可以和他談論却不去和他談論，這是用沉默來引誘他，以便自己取利；這些都屬於挖洞跳牆一類的行爲啊！」

又說：

「言語淺近，意義却深遠的，這是『善言』；守着簡約的原則，而能普遍施行的，這是『善道』。君子的言語，講的雖是常見的事情，可是『道』就在其中；君子的操守，從修養自己開始，從而使天下太平。有些人的毛病就在於放棄自己的田地，而去替別人耕田除草——要求別人很嚴，要自己負擔的却很輕。」

眞是歷久彌新啊！萬章輕輕地放下一篇竹簡。老師的這些言論，不就是他自己所說的「言近而指遠的善言」嗎？只是更爲尖銳精警而已！「有些人的毛病就在於放棄自己的田地，而去替別人耕田除草！」像這不就是足以供人自省的警句？萬章又拿起下一篇的竹簡，上面載着——

孟子說：

「古代的賢君愛好善道而忘却自己的權勢，古代的賢士，又何嘗不是這樣呢！堅定自己的理想原則而忘却現實上的權勢，所以王公不對他恭敬盡禮，就不能常常和他見面。常常相見尚且不可得，更何況要把他當作臣下看待呢？」

又說：

「天下淸明，君子得志，『道』就隨着實現；天下黑暗，君子守道，不惜爲『道』而犧牲；我從沒聽說過犧牲『道』來遷就現實的。」

萬章重複地唸着：「天下無道，以身殉道。」這才是知識份子的本色，可是放眼今天的社會，幾人能够？萬章嘆息了一聲，又翻閱下一篇的竹簡。

孟子說：

「子路，別人把他的錯誤指點出來，他便高興。禹聽到了善言，就虛心拜領。

大舜更是偉大，他對於行善，沒有別人和自己的區分，並且能放棄己見，順從公意；樂於吸取別人的長處來行善。自他微賤時從事耕種、燒窰、打魚起，到做了天子，沒有不是採取別人的長處，自己照着去做。吸取別人的長處來行善，就是幫助別人一起行善。所以君子的美德，就是幫助別人一起行善。」

又說：

「鷄啼就起來，努力行善的人，是舜一類的人物；鷄啼就起來，努力求利的人，是盜蹠ㄓ一類的人物。要曉得大舜和盜蹠的分別，沒有別的，只在於謀利和行善的不同罷了。」

又說：

「舜出生在諸馮，遷居到負夏，死在鳴條，這麼看來，是個東方人。周文王生在岐周，死在畢郢ㄧㄥ，則是西方人。兩地相隔一千多里，時代相距一千多年，然而得志在中國推行大道，却完全相合。由此可知，古代的聖人和後代的聖人，他們的理想和原則是一樣的。」

萬章翻到另一篇，記載當年剛到齊國時，齊宣王派人暗中先來探看孟子的長相，看是否有什麼與衆不同之處。孟子知道了之後，說：

「怎麼會與衆不同呢？就是堯舜也和常人一樣呢？」

這指出了聖賢的平實一面。聖賢不同於超越的神或上帝，因爲他們就活在人間世裏；而且，最重要的，每個人都應該，也都能够成就美善的人格。聖賢並非立在遙不可及的彼岸，而在於每個人是否肯發心立志而已。

萬章將所蒐集整理的言論記載，呈請孟子過目，經過了修改、重寫、補充的工作，終於大功告成。他們將定稿分爲七篇，依篇首的二、三字爲題，分別是梁惠王篇、公孫丑篇、滕文公篇、離婁篇、萬章篇、告子篇、盡心篇。

孟子死於何年，歷史上並沒有明確的記載，但在他的思想光輝下，這就顯得不重要了。史記上曾說：「天不生仲尼，萬古如長夜。」我們也可以說，在人類的文明發展史上，像孟子的人物，一如夜空的星辰，萬古不滅，永遠散發智慧的光芒，永遠守護着美善與希望！

【思考時間】

讀完了本書，相信也經歷了一趟思想的旅程。在旅程中，孟子的生命世界一頁一頁地展開，一幅一幅地呈顯；面對着這麼一位聖賢人物的心靈，有何感受？也許真正的感受，應該浮現在合起書本之後，甚至在將來。

附錄　原典精選

梁惠王章句上 凡七章

㊀孟子見梁惠王。王曰：「叟，不遠千里而來，亦將有以利吾國乎？」

孟子對曰：「王何必曰利？亦有仁義而已矣。王曰：何以利吾國？大夫曰：何以利吾家？士庶人曰：何以利吾身？上下交征利，而國危矣。萬乘之國，弒其君者，必千乘之家；千乘之國，弒其君者，必百乘之家。萬取千焉，千取百焉，不爲不多矣；苟爲後義而先利，不奪不饜。「未有仁而遺其親者也；未有義而後其君者也。王亦曰仁義而已矣，何必曰利？」

㊂梁惠王曰：「寡人之於國也，盡心焉耳矣！河內凶，則移其民於河東，移其粟於河內；河東凶，亦然。察鄰國之政，無如寡人之用心者；鄰國之民不加少，寡人之民不加多，何也？」

孟子對曰：「王好戰，請以戰喻：塡然鼓之，兵刃旣接，棄甲曳兵而走，或百步而後止，或五十步而後止。以五十步笑百步，則何如？」

曰：「不可，直不百步耳！是亦走也！」

曰：「王如知此，則無望民之多於鄰國也。

「不違農時，穀不可勝食也；數罟不入洿池，魚鼈不可勝食也；斧斤以時入山林，材木不可勝用也。穀與魚鼈不可勝食，材木不可勝用，是使民養生喪死無憾也。養生喪死無憾，王道之始也。

「五畝之宅，樹之以桑，五十者可以衣帛矣；雞豚狗彘之畜，無失其時，七十者可以食肉矣；百畝之田，勿奪其時，數口之家，可以無飢矣。謹庠序之敎，申之以孝悌之義，頒白者不負戴於道路矣。七十者衣帛食肉，黎民不飢不寒，然而不王者，未之有也。

「狗彘食人食而不知檢；塗有餓莩而不知發。人死，則曰：『非我也，歲也。』是何異於刺人而殺之，曰：『非我也，兵也。』王無罪歲，斯天下之民至焉。」

㈣梁惠王曰：「寡人願安承敎。」

孟子對曰：「殺人以梃與刃，有以異乎？」曰：「無以異也。」「以刃與政，有以異乎？」曰：「無以異也。」

曰：「庖有肥肉，廄有肥馬；民有飢色，野有餓莩；此率獸而食人也！獸相食，且人惡之；爲民父母行政，不免於率獸而食人，惡在其爲民父母也？仲尼曰：『始作俑者，其無後乎！』爲其象人而用之也。如之何其使斯民飢而死也？」

㈥孟子見梁襄王。出語人曰：「望之不似人君，就之而不見所畏焉。卒然問曰：『天下惡乎定？』吾對曰：『定于一。』『孰能一之？』對曰：『不嗜殺人者能一之。』『孰能與之？』對曰：『天下莫不與也。王知夫苗乎？七八月之間旱，則苗槁矣。天油然作雲，沛然下雨，則苗浡然興之矣。其如是，孰能禦之？今夫天下之人牧，未有不嗜殺人者也；如有不嗜殺人者，則天下之民，皆引領而望之矣。誠如是也，民歸之，由水之就下，沛然誰能禦之？』」

梁惠王章句下 凡十六章

㈠莊暴見孟子曰：「暴見於王，王語暴以好樂，暴未有以對也。曰『好樂』，何如？」孟子曰：「王之好樂甚，則齊國其庶幾乎！」

他日見於王曰：「王嘗語莊子以好樂，有諸？」王變乎色，曰：「寡人非能好先王之樂也，直好世俗之樂耳。」曰：「王之好樂甚，則齊其庶幾乎！今之樂，由古之樂也！」曰：「可得聞與？」曰：「獨樂樂，與人樂樂，孰樂？」曰：「不若與人。」曰：「與少樂樂，與衆樂樂，孰樂？」曰：「不若與衆。」

「臣請爲王言樂」：

「今王鼓樂於此，百姓聞王鐘鼓之聲，管籥之音，擧疾首蹙頞而相告曰：『吾王之好鼓樂，夫何使我至於此極也？父子不相見，兄弟妻子離散！』今王田獵於此，百姓聞王車馬之音，見羽旄之美，擧疾首蹙頞而相告曰：『吾王之好田獵，夫何使我至於此極也？父子不相見，兄弟妻子離散！』此無他，不與民同樂也。」

㈥孟子謂齊宣王曰：「王之臣，有託其妻子於其友，而之楚遊者；比其反也，則凍餒其妻子。則如之何？」王曰：「棄之。」曰：「士師不能治士，則如之何？」王曰：「已之。」曰：「四境之內不治，則如之何？」王顧左右而言他。

㈦孟子見齊宣王，曰：「所謂故國者，非謂有喬木之謂也，有世臣之謂也。王無親臣矣；昔者所進，今日不知其亡也。」

王曰：「吾何以識其不才而舍之？」

曰：「國君進賢，如不得已，將使卑踰尊，疏踰戚，可不愼與？左右皆曰賢，未可也。諸大夫皆曰賢，未可也。國人皆曰賢，然後察之；見賢焉，然後用之。左右皆曰不可，勿聽。諸大夫皆曰不可，勿聽。國人皆曰不可，然後察之；見不可焉，然後去之。左右皆曰可殺，勿聽。諸大夫皆曰可殺，勿聽。國人皆曰可殺，然後察之；見可殺焉，然後殺之。故曰『國人殺之』也。如此，然後可以爲民父母。」

㈧齊宣王問曰：「湯放桀，武王伐紂，有諸？」孟子對曰：「於傳有之。」

曰：「臣弑其君，可乎？」

曰：「賊仁者，謂之賊；賊義者，謂之殘。殘賊之人，謂之一夫。聞誅一夫紂矣，未聞弑君也。」

公孫丑章句上 凡九章

動心否乎？」

㈡公孫丑問曰：「夫子加齊之卿相，得行道焉，雖由此霸王不異矣。如此，則

孟子曰：「否。我四十不動心。」

曰：「若是，則夫子過孟賁遠矣！」

曰：「是不難。告子先我不動心。」

曰：「不動心有道乎？」

曰：「有。北宮黝之養勇也，不膚橈，不目逃；思以一毫挫於人，若撻之於市朝。不受於褐寬博，亦不受於萬乘之君；視刺萬乘之君，若刺褐夫，無嚴諸侯；惡聲至，必反之。孟施舍之所養勇也，曰：『視不勝猶勝也。量敵而後進，慮勝而後會，是畏三軍者也。舍豈能爲必勝哉？能無懼而已矣。』孟施舍似曾子，北宮黝似子夏。夫二子之勇，未知其孰賢；然而孟施舍守約也。昔者曾子謂子襄曰：『子好勇乎？吾嘗聞大勇於夫子矣：自反而不縮，雖褐寬博，吾不惴焉？自反而縮，雖千萬人，吾往矣！』孟施舍之守氣，又不如曾子之守約也。」

曰：「敢問夫子之不動心，與告子之不動心，可得聞與？」

「告子曰：『不得於言，勿求於心；不得於心，勿求於氣。』不得於心，勿求

於氣，可；不得於言，勿求於心，不可。夫志，氣之帥也；氣，體之充也。夫志至焉，氣次焉，故曰：『持其志，無暴其氣。』」

「既曰『志至焉，氣次焉』，又曰『持其志，無暴其氣』者，何也？」

曰：「志壹則動氣，氣壹則動志也。今夫蹶者，趨者，是氣也；而反動其心。」

「敢問夫子惡乎長？」

曰：「我知言，我善養吾浩然之氣。」

「敢問何謂浩然之氣？」

曰：「難言也。其為氣也，至大至剛，以直養而無害，則塞於天地之間。其為氣也，配義與道；無是，餒也。是集義所生者，非義襲而取之也；行有不慊於心，則餒矣。我故曰告子未嘗知義，以其外之也。必有事焉而勿正，心勿忘，勿助長也。無若宋人然：宋人有閔其苗之不長而揠之者，芒芒然歸，謂其人曰：『今日病矣！予助苗長矣！』其子趨而往視之，苗則槁矣！天下之不助苗長者寡矣。以為無益而舍之者，不耘苗者也。助之長者，揠苗者也；非徒無益，而又害之。」

「何謂知言？」

曰：「詖辭，知其所蔽；淫辭，知其所陷；邪辭，知其所離；遁辭，知其所窮。生於其心，害於其政；發於其政，害於其事；聖人復起，必從吾言矣。」

「宰我、子貢，善爲說辭。冉牛、閔子、顏淵，善言德行。孔子兼之，曰：『我於辭命，則不能也。』然則夫子既聖矣乎？」

曰：「惡！是何言也！昔者子貢問於孔子曰：『夫子聖矣乎？』孔子曰：『聖，則吾不能；我學不厭，而敎不倦也。』子貢曰：『學不厭，智也；敎不倦，仁也。仁且智，夫子既聖矣！』夫聖，孔子不居。是何言也！」

「昔者竊聞之：子夏、子游、子張，皆有聖人之一體；冉牛、閔子、顏淵，則具體而微。敢問所安？」

曰：「姑舍是。」

曰：「伯夷、伊尹何如？」

曰：「不同道。非其君不事，非其民不使，治則進，亂則退，伯夷也。何事非君？何使非民？治亦進，亂亦進，伊尹也。可以仕則仕，可以止則止，可以久則久，可以速則速，孔子也。皆古聖人也，吾未能有行焉；乃所願，則學孔子也。」

「伯夷、伊尹於孔子，若是班乎？」

曰：「否。自有生民以來，未有孔子也！」

曰：「然則有同與？」

曰：「有。得百里之地而君之，皆能以朝諸侯，有天下；行一不義，殺一不辜，而得天下，皆不爲也。是則同。」

曰：「敢問其所以異？」

曰：「宰我、子貢、有若，智足以知聖人；汙，不至阿其所好。宰我曰：『以予觀於夫子，賢於堯舜遠矣。』子貢曰：『見其禮而知其政，聞其樂而知其德，由百世之後，等百世之王，莫之能違也。自生民以來，未有夫子也！』有若曰：『豈惟民哉？麒麟之於走獸，鳳凰之於飛鳥，泰山之於丘垤，河海之於行潦，類也。聖人之於民，亦類也；出於其類，拔乎其萃，自生民以來，未有盛於孔子也！』」

㈥孟子曰：「人皆有不忍人之心。先王有不忍人之心，斯有不忍人之政矣。以不忍人之心，行不忍人之政，治天下可運之掌上。

「所以謂人皆有不忍人之心者：今人乍見孺子將入於井，皆有怵惕惻隱之心；非所以內交於孺子之父母也，非所以要譽於鄉黨朋友也，非惡其聲而然也。

「由是觀之，無惻隱之心，非人也；無羞惡之心，非人也；無辭讓之心，非人也；無是非之心，非人也。惻隱之心，仁之端也；羞惡之心，義之端也；辭讓之心，禮之端也；是非之心，智之端也。人之有是四端也，猶其有四體也；有是四端而自謂不能者，自賊者也；謂其君不能者，賊其君者也。

「凡有四端於我者，知皆擴而充之矣，若火之始然，泉之始達。苟能充之，足以保四海；苟不充之，不足以事父母。」

⑬孟子去齊，充虞路問曰：「夫子若有不豫色然。前日虞聞諸夫子曰：『君子不怨天，不尤人。』」

曰：「彼一時，此一時也。五百年必有王者興，其間必有名世者。由周而來，七百有餘歲矣。以其數，則過矣；以其時考之，則可矣。夫天未欲平治天下也；如欲平治天下，當今之世，舍我其誰也？吾何爲不豫哉！」

滕文公章句上 凡五章

㈠滕文公爲世子，將之楚，過宋而見孟子。孟子道性善，言必稱堯舜。世子自楚反，復見孟子。孟子曰：「世子疑吾言乎？夫道，一而已矣。成覸謂齊景公曰：『彼，丈夫也；我，丈夫也。吾何畏彼哉？』顏淵曰：『舜何人也？予何人也？有爲者亦若是。』公明儀曰：『文王我師也，周公豈欺我哉？』」「今滕絕長補短，將五十里也，猶可以爲善國。書曰：『若藥不瞑眩，厥疾不瘳。』」

㈡景春曰：「公孫衍、張儀，豈不誠大丈夫哉？一怒而諸侯懼，安居而天下熄。」

孟子曰：「是焉得爲大丈夫乎？子未學禮乎？丈夫之冠也，父命之；女子之嫁也，母命之，往送之門，戒之曰：『往之女家，必敬必戒，無違夫子。』以順爲正者，妾婦之道也。居天下之廣居，立天下之正位，行天下之大道；得志與民由之，不得志獨行其道；富貴不能淫，貧賤不能移，威武不能屈；此之謂大丈夫！」

離婁章句上　凡二十八章

㊂孟子曰：「三代之得天下也，以仁；其失天下也，以不仁。國之所以廢興存亡者亦然。天子不仁，不保四海；諸侯不仁，不保社稷；卿大夫不仁，不保宗廟；士庶人不仁不保四體。今惡死亡而樂不仁，是猶惡醉而强酒。」

㊇孟子曰：「不仁者，可與言哉？安其危而利其菑，樂其所以亡者。不仁而可與言，則何亡國敗家之有？有孺子歌曰：「滄浪之水淸兮，可以濯我纓；滄浪之水濁兮，可以濯我足。」孔子曰：「小子聽之！淸斯濯纓，濁斯濯足矣。自取之也。」夫人必自侮，然後人侮之；家必自毀，而後人毀之；國必自伐，而後人伐之。太甲曰：「天作孽，猶可違；自作孽，不可活。」此之謂也。」

㊉孟子曰：「自暴者，不可與有言也；自棄者，不可與有爲也。言非禮義，謂之自暴也；吾身不能居仁由義，謂之自棄也。仁，人之安宅也；義，人之正路也。曠安宅而弗居，舍正路而不由，哀哉！」

㊮孟子曰：「求也，爲季氏宰，無能改於其德，而賦粟倍他日。孔子曰：「求，非我徒也！小子鳴鼓而攻之可也！」

「由此觀之，君不行仁政而富之，皆棄於孔子者也；況於爲之强戰，爭地以戰，殺人盈野；爭城以戰，殺人盈城？此所謂率土地而食人肉，罪不容於死。

「故善戰者服上刑；連諸侯者次之；辟草萊，任土地者次之。」

㊆淳于髡曰：「男女授受不親，禮與？」孟子曰：「禮也。」曰：「嫂溺，則援之以手乎？」曰：「嫂溺不援，是豺狼也。男女授受不親，禮也；嫂溺援之以手者，權也。」曰：「今天下溺矣，夫子之不援，何也？」曰：「天下溺，援之以道；嫂溺，援之以手。子欲手援天下乎？」

離婁章句下　凡三十三章

㊂孟子告齊宣王曰：「君之視臣如手足，則臣視君如腹心；君之視臣如犬馬，則臣視君如國人；君之視臣如土芥，則臣視君如寇讎。」

王曰：「禮，爲舊君有服。何如斯可爲服矣？」

曰：「諫行，言聽，膏澤下於民；有故而去，則君使人導之出疆，又先於其所往；去三年不反，然後收其田里；此之謂三有禮焉。如此，則爲之服矣。今也爲臣，諫則不行，言則不聽，膏澤不下於民；有故而去，則君搏執之，又極之於其所往；去之日，遂收其田里；此之謂寇讎。寇讎，何服之有？」

⑧孟子曰：「人有不爲也，而後可以有爲。」

⑫孟子曰：「大人者，不失其赤子之心者也。」

⑱徐子曰：「仲尼亟稱於水曰：『水哉！水哉！』何取於水也？」

孟子曰：「原泉混混，不舍晝夜，盈科而後進，放乎四海；有本者如是，是之取爾。苟爲無本，七八月之閒雨集，溝澮皆盈；其涸也，可立而待也。故聲聞過情，君子恥之。」

⑲孟子曰：「人之所以異於禽獸者，幾希。庶民去之，君子存之；舜明於庶物，察於人倫，由仁義行，非行仁義也。」

㉘孟子曰：「君子所以異於人者，以其存心也。君子以仁存心，以禮存心；仁

者愛人，有禮者敬人。愛人者，人恆愛之；敬人者，人恆敬之。

「有人於此，其待我以橫逆，則君子必自反也：『我必不仁也，必無禮也，此物奚宜至哉？』其自反而仁矣，自反而有禮矣，其橫逆由是也；君子必自反也：『我必不忠。』自反而忠矣，其橫逆由是也；君子曰：『此亦妄人也已矣！如此，則與禽獸奚擇哉？於禽獸，又何難焉？』」

「是故，君子有終身之憂，無一朝之患也。乃若所憂，則有之；舜，人也；我，亦人也；舜爲法於天下，可傳於後世，我由未免爲鄉人也！是則可憂也。憂之如何？如舜而已矣。」

「若夫君子所患，則亡矣；非仁無爲也，非禮無行也，如有一朝之患，則君子不患矣。」

萬章章句下　凡九章

㈠孟子曰：「伯夷，目不視惡色，耳不聽惡聲。非其君不事，非其民不使。治則進，亂則退。橫政之所出，橫民之所止，不忍居也。思與鄉人處，如以朝衣朝冠坐於塗炭也。當紂之時，居北海之濱，以待天下之清也。故聞伯夷之風者，頑夫廉，懦夫有立志。

「伊尹曰：『何事非君？何使非民？』治亦進，亂亦進。曰：『天之生斯民也，使先知覺後知，使先覺覺後覺。予，天民之先覺者也，予將以此道覺此民也。』思天下之民，匹夫匹婦有不與被堯舜之澤者，若己推而內之溝中，其自任以天下之重也。」

「柳下惠，不羞汙君，不辭小官；進不隱賢，必以其道。遺佚而不怨，阨窮而不憫；與鄉人處，由由然不忍去也。『爾爲爾，我爲我，雖袒裼裸裎於我側，爾焉能浼我哉？』故聞柳下惠之風者，鄙夫寬，薄夫敦。」

「孔子之去齊，接淅而行；去魯，曰：『遲遲吾行也！』去父母國之道也。可以速而速，可以久而久，可以處而處，可以仕而仕，孔子也。」

孟子曰：「伯夷，聖之淸者也；伊尹，聖之任者也；柳下惠，聖之和者也；孔子，聖之時者也。孔子之謂集大成。集大成也者，金聲而玉振之也。金聲也者，始條理也；玉振之也者，終條理也。始條理者，智之事也；終條理者，聖之事也。智，譬則巧也；聖，譬則力也。由射於百步之外也：其至，爾力也？其中，非爾力也。」

㈧孟子謂萬章曰：「一鄉之善士，斯友一鄉之善士；一國之善士，斯友一國之善士；天下之善士，斯友天下之善士。以友天下之善士爲未足，又尚論古之人。頌其詩，讀其書，不知其人可乎？是以論其世也。是尚友也。」

㈨齊宣王問卿。孟子曰：「王何卿之問也？」王曰：「卿不同乎？」曰：「不同，有貴戚之卿，有異姓之卿。」王曰：「請問貴戚之卿？」曰：「君有大過則諫，反覆之而不聽，則易位。」王勃然變乎色。曰：「王勿異也！王問臣，臣不敢不以正對。」王色定，然後請問「異姓之卿」。曰：「君有過則諫；反覆之而不聽，則去。」

告子章句上 凡二十章

㈠告子曰：「性，猶杞柳也；義，猶桮棬也，以人性爲仁義，猶以杞柳爲桮棬。」孟子曰：「子能順杞柳之性，而以爲桮棬乎？將戕賊杞柳，而後以爲桮棬也？如將戕賊杞柳而以爲桮棬，則亦將戕賊人以爲仁義與？率天下之人而禍仁義者，必子之言夫！」

㈡告子曰：「性，猶湍水也。決諸東方則東流，決諸西方則西流。人性之無分於善不善也，猶水之無分於東西也。」孟子曰：「水信無分於東西，無分於上下乎？人性之善也，猶水之就下也；人無有不善，水無有不下。今夫水，搏而躍之，可使過顙；激而行之，可使在山；是豈水之性哉，其勢則然也。人之可使爲不善，其性亦猶是也。」

㈥公都子曰：「告子曰：『性無善無不善也。』或曰：『性可以爲善，可以爲不善。是故，文武興，則民好善；幽厲興，則民好暴。』或曰：『有性善，有性不善。是故，以堯爲君，而有象；以瞽瞍爲父，而有舜；以紂爲兄之子，且以爲君，而有微子啓，王子比干。』今曰：『性善』，然則彼皆非與？」

孟子曰：「乃若其情，則可以爲善矣，乃所謂善也。若夫爲不善，非才之罪也。惻隱之心，人皆有之；羞惡之心，人皆有之；恭敬之心，人皆有之；是非之心，人皆有之。惻隱之心，仁也；羞惡之心，義也；恭敬之心，禮也；是非之心，智也。仁、義、禮、智，非由外鑠我也，我固有之也，弗思耳矣。故曰：求則得之，舍則失之。或相倍蓰而無算者，不能盡其才者也。詩曰：『天生蒸民，有物有則；民之秉夷，好是懿德。』孔子曰：『為此詩者，其知道乎！』故有物必有則，民之秉夷也，故好是懿德。」

㈧孟子曰：「牛山之木嘗美矣；以其郊於大國也，斧斤伐之，可以為美乎？是其日夜之所息，雨露之所潤，非無萌蘖之生焉；牛羊又從而牧之，是以若彼濯濯也；人見其濯濯也，以為未嘗有材焉，此豈山之性也哉？」

「雖存乎人者，豈無仁義之心哉！其所以放其良心者，亦猶斧斤之於木也。旦旦而伐之，可以為美乎？其日夜之所息，平旦之氣，其好惡與人相近也者幾希；則其旦晝之所為，有梏亡之矣。梏之反覆，則其夜氣不足以存；夜氣不足以存，則其違禽獸不遠矣。人見其禽獸也，而以為未嘗有才焉者，是豈人之情也哉？

「故苟得其養，無物不長；苟失其養，無物不消。孔子曰：『操則存，舍則亡；出入無時，莫知其鄉。』惟心之謂與！」

⑩孟子曰：「魚，我所欲也；熊掌，亦我所欲也；二者不可得兼，舍魚而取熊掌者也。生，亦我所欲也；義，亦我所欲也；二者不可得兼，舍生而取義者也。生亦我所欲，所欲有甚於生者，故不爲苟得也。死亦我所惡，所惡有甚於死者，故患有所不辟也。如使人之所欲莫甚於生，則凡可以得生者，何不用也？使人之所惡莫甚於死者，則凡可以辟患者，何不爲也？由是則生而有不用也；由是則可以辟患而有不爲也。是故，所欲有甚於生者，所惡有甚於死者；非獨賢者有是心也，人皆有之，賢者能勿喪耳。

「一簞食，一豆羹，得之則生，弗得則死。嘑爾而與之，行道之人弗受；蹴爾而與之，乞人不屑也。萬鍾則不辨禮義而受之，萬鍾於我何加焉？爲宮室之美，妻妾之奉，所識窮乏者得我與？鄉爲身死而不受，今爲宮室之美爲之；鄉爲身死而不受，今爲妻妾之奉爲之；鄉爲身死而不受，今爲所識窮乏者得我而爲之；是亦不可以已乎？此之謂失其本心。」

㈡孟子曰：「仁，人心也；義，人路也；舍其路而弗由，放其心而不知求，哀哉！有鷄犬放，則知求之；有放心，而不知求！學問之道無他，求其放心而已矣。」

㈢孟子曰：「今有無名之指，屈而不信，非疾痛害事也；如有能信之者，則不遠秦、楚之路，爲指之不若人也。指不若人，則知惡之；心不若人，則不知惡；此之謂不知類也。」

㈤公都子問曰：「鈞是人也，或爲大人，或爲小人，何也？」孟子曰：「從其大體爲大人，從其小體爲小人。」曰：「鈞是人也，或從其大體，或從其小體，何也？」曰：「耳目之官不思，而蔽於物；物交物，則引之而已矣。心之官則思，思則得之，不思則不得也。此天之所與我者。先立乎其大者，則其小者不能奪也，此爲大人而已矣。」

㈥孟子曰：「有天爵者，有人爵者。仁義忠信，樂善不倦，此天爵也；公卿大夫，此人爵也。古之人，修其天爵，而人爵從之；今之人修其天爵，以要人爵；既得人爵，而棄其天爵，則惑之甚者也。終亦必亡而已矣。」

告子章句下 凡十六章

㈡曹交問曰：「人皆可以爲堯舜，有諸？」孟子曰：「然。」「交聞文王十尺，湯九尺；今交九尺四寸以長，食粟而已，如何則可？」曰：「奚有於是？亦爲之而已矣，有人於此，力不能勝一匹雛，則爲無力人矣。今曰舉百鈞則爲有力人矣。然則舉烏獲之任，是亦爲烏獲而已矣。夫人豈以不勝爲患哉？弗爲耳。徐行後長者，謂之弟；疾行先長者，謂之不弟。夫徐行者，豈人所不能哉？所不爲也。堯舜之道，孝弟而已矣。子服堯之服，誦堯之言，行堯之行，是堯而已矣。子服桀之服，誦桀之言，行桀之行，是桀而已矣。」曰：「交得見於鄒君，可以假館，願留而受業於門。」曰：「夫道若大路然，豈難知哉！人病不求耳。子歸而求之，有餘師。」

㈤孟子曰：「舜發於畎畝之中，傅說舉於版築之間，膠鬲舉於魚鹽之中，管夷吾舉於士，孫叔敖舉於海，百里奚舉於市。故天將降大任於是人也，必先苦其心志，勞其筋骨，餓其體膚，空乏其身，行拂亂其所爲；所以動心忍性，曾益其所不能。人恆過，然後能改；困於心，衡於慮，而後作；徵於色，發於聲，而後喻。入則無法家拂士，出則無敵國外患者，國恆亡。然後知生於憂患，而死於安樂也。」

㈥孟子曰：「教亦多術矣！予不屑之教誨也者，是亦教誨之而已矣。」

盡心章句上 凡四十六章

㈠孟子曰：「盡其心者，知其性也；知其性，則知天矣。存其心，養其性，所以事天也。殀壽不貳，修身以俟之，所以立命也。」

㈡孟子曰：「莫非命也，順受其正。是故，知命者不立乎巖牆之下。盡其道而死者，正命也；桎梏死者，非正命也。」

㈢孟子曰：「求則得之，舍則失之，是求有益於得也，求在我者也。求之有道，得之有命，是求無益於得也，求在外者也。」

㊃孟子曰：「萬物皆備於我矣。反身而誠，樂莫大焉。强恕而行，求仁莫近焉。」

⑩孟子曰：「待文王而後興者，凡民也；若夫豪傑之士，雖無文王猶興。」

⑭孟子曰：「仁言，不如仁聲之入人深也；善政，不如善教之得民也。善政，民畏之；善教，民愛之。善政，得民財；善教，得民心。」

⑮孟子曰：「人之所不學而能者，其良能也；所不慮而知者，其良知也。孩提之童，無不知愛其親者；及其長也，無不知敬其兄也。親親，仁也；敬長，義也。無他，達之天下也。」

⑯孟子曰：「舜之居深山之中，與木石居，與鹿豕遊，其所以異於深山之野人

者幾希。及其聞一善言，見一善行，若決江河，沛然莫之能禦也。」

⑰孟子曰：「無爲其所不爲，無欲其所不欲，如此而已矣。」

⑱孟子曰：「人之有德慧術知者，恆存乎疢疾。獨孤臣孽子，其操心也危，其慮患也深，故達。」

⑳孟子曰：「君子有三樂，而王天下不與存焉。父母俱存，兄弟無故，一樂也；仰不愧於天，俯不怍於人，二樂也；得天下英才而教育之，三樂也。君子有三樂，而王天下不與存焉。」

㉑孟子曰：「廣土衆民，君子欲之，所樂不存焉。中天下而立，定四海之民：君子樂之，所性不存焉。君子所性，雖大行不加焉，雖窮居不損焉，分定故也。君子所性，仁義禮智根於心；其生色也，睟然見於面，盎於背，施於四體，四體不言而喻。」

㉔孟子曰：「孔子登東山而小魯；登泰山而小天下。故觀於海者難爲水，遊於聖人之門者難爲言。觀水有術，必觀其瀾；日月有明，容光必照焉。流水之爲物也，不盈科不行；君子之志於道也，不成章不達。」

㉙孟子曰：「有爲者，辟若掘井；掘井九軔而不及泉，猶爲棄井也。」

㉜公孫丑曰：「詩曰：『不素餐兮。』君子之不耕而食，何也？」孟子曰：「君子居是國也，其君用之，則安富尊榮；其子弟從之，則孝弟忠信。不素餐兮，孰大於是！」

㉝王子墊問曰：「士何事？」孟子曰：「尙志。」曰：「何謂尙志？」曰：「仁義而已矣。殺一無罪，非仁也；非其有而取之，非義也。居惡在？仁是也。路惡在？義是也。居仁由義，大人之事備矣。」

㊶公孫丑曰：「道則高矣美矣，宜若登天然，似不可及也；何不使彼爲可幾

及，而日孳孳也？」孟子曰：「大匠不爲拙工改廢繩墨，羿不爲拙射變其彀率。君子引而不發，躍如也；中道而立，能者從之。」

㊷孟子曰：「天下有道，以道殉身；天下無道，以身殉道；未聞以道殉乎人者也。」

㊺孟子曰：「君子之於物也，愛之而弗仁；於民也，仁之而弗親，親親而仁民，仁民而愛物。」

盡心章句下　凡三十八章

⑭孟子曰：「民爲貴，社稷次之，君爲輕。是故，得乎丘民而爲天子，得乎天子爲諸侯，得乎諸侯爲大夫。諸侯危社稷，則變置。犧牲既成，粢盛既潔，祭祀以時；然而旱乾水溢，則變置社稷。」

㉕浩生不害問曰：「樂正子，何人也？」孟子曰：「善人也，信人也。」「何謂善？何謂信？」曰：「可欲之謂善，有諸己之謂信，充實之謂美，充實而有光輝

之謂大，大而化之之謂聖，聖而不可知之之謂神。樂正子，二之中，四之下也。」

㉞孟子曰：「說大人，則藐之，勿視其巍巍然。堂高數仞，榱題數尺，我得志弗爲也；食前方丈，侍妾數百人，我得志弗爲也；般樂飲酒，驅騁田獵，後車千乘，我得志弗爲也。在彼者，皆我所不爲也；在我者，皆古之制也；吾何畏彼哉！」

㉟孟子曰：「養心莫善於寡欲。其爲人也寡欲，雖有不存焉者寡矣；其爲人也多欲，雖有存焉者寡矣。」

㊳孟子曰：「由堯、舜至於湯，五百有餘歲，若禹、皋陶則見而知之，若湯則聞而知之。由湯至於文王，五百有餘歲，若伊尹、萊朱則見而知之，若文王則聞而知之。由文王至於孔子，五百有餘歲，若太公望、散宜生則見而知之，若孔子則聞而知之。由孔子而來至於今，百有餘歲，去聖人之世，若此其未遠也，近聖人之居，若此其甚也！然而無有乎爾！則亦無有乎爾！」

『中國歷代經典寶庫』《青少年版》出版的話

一個中國古典知識大衆化的構想

◉高上秦

許多討論或研究中國文化的學者，大概都承認一樁事實：中國文化的基調，是傾向於人間的；是關心人生，參與人生，反映人生的。我們的聖賢才智，歷代著述，大多圍繞著一個主題，治亂興廢與世道人心。無論是春秋戰國的諸子哲學，漢魏各家的傳經事業，韓柳歐蘇的道德文章，程朱陸王的心性義理；無論是貴族屈原的憂患獨歎，樵夫惠能的頓悟衆生；無論是先民傳唱的詩歌、戲曲、村里講談的平話、小說……等等種種，隨時都洋溢著那樣強烈的平民性格、鄉土芬芳，以及它那無所不備的人倫大愛；一種對平凡事物的尊敬，對社會家國的情懷，對蒼生萬有的期待，激盪交融，相互輝耀，繽紛燦爛的造成了中國。平易近人、博大久遠的中國。

可是，生爲這一個文化傳承者的現代中國人，對於這樣一個親民愛人、胸懷天下的文明，這樣一個塑造了我們、呵護了我們幾千年的文化母體，可有多少認識？多少理解？又有多少接觸的機會，把握的可能呢？

一般社會大衆暫且不提，就是我們的莘莘學子、讀書人，受了十幾年的現代教育以後，究竟讀過幾部歷代的經典古籍？瞭解幾許先人的經驗智慧？當年林語堂先生就曾感嘆過，現在的大學畢業生，連「中國幾種重要叢書都未曾見過」，遑論其他？

特別是近年以來，升學主義的壓力，耗損了廣大學子的精神、體力；美西文明的風行，導引了智識之士的思慮、習尚；電視、電影和一般大衆媒體的普遍流通，更造成了一個官能文化當道，社會價值浮動的生活形態。美國學者雷文孫所說的當代世界是一個「沒有圍牆的博物館」，固然鮮明了這一現象，但眞正的問題，却在於我們的根性尚未紮穩，就已目迷五色的跌入了傳播學者所批評的「優勢文化」的輻射圈內，失去了自我的特質與創造的能力。

何況，近代的中國還面對了內外雙重的文化焦慮。自內在而言，白話文學運動固然開發了俚語俗言的活力，提升了大衆文學的地位，覺悟到社會羣體的知識參與力，却相對的減損了我們對中國古典知識的傳承力；以往屬於孩童啓蒙的「小學」教育，屬於讀書人必備的「經學」常識，都在新式教育的推動下，變得無比艱澀與隔閡了。自外在而言，五四以來的西化怒潮，不斷開展了對西方經驗的學習，對傳統意識的批判，意興風發的營造了我們的時代感覺與世界精神，爲我們的現代化打下了一定程度的基礎；它也同時疾風迅雨般衝刷著中國備受誤解的文明，削弱了我們的文化認同與歷史根源，使我們在現代化的整體架構上模糊了著力的點，漫漶了精神的面。

將近五十年前，國際聯合會教育考察團曾對我國教育作過一次深入的探訪，在報告書中，一針見血的指出：歐洲力量的來源，經常是透過古代文明的再發現與新認識而而達至；中國的教育也理當如此，才能眞實發揮它的民族性與創造性。

事實上，現代的學術研究，也紛紛肯定了相似的論點。文化人類學所剖示的，每一個文化都有它的殊異性與持續性；知識社會學所探討的，一個文化的强大背景與典範人物，常常是新一代創造者的「支援意識」的能源；而李約瑟更直截了當的說，除了科技以外，其他文化的成果是沒有普遍性的。在這裏，當我們回溯了現代中國的種種內在、外在與現實的條件之餘，中國文化風格的深透再造，中國古典知識的普遍傳承，更成了炎黃子孫無可推卸的天職了。

「中國歷代經典寶庫」青少年版的編輯印行，就是這樣一份反省與辨認的開展。

在中國傳延千古的史實裏，我們也都看到，每當一次改朝換代或重大的社會變遷之餘，都有許多沈潛會通的有心人站出來，顚沛造次，心志不移的汲汲於興滅繼絕的文化整理、傳道解惑的知識普及——孔子的彙編古籍、有教無類，劉尙的校理衆書、編目提要，鄭玄的博古知今、遍註羣經；乃至於孔穎達的「五經正義」，朱熹的「四書集註」，王心齋的深入民衆、樂學教育……他們或以個人的力量，或由政府的推動，分別爲中國文化做了修舊起廢、變通傳承的偉大事業。

民國以來，也有過整理國故的呼籲、讀經運動的倡行；商務印書館更曾經編選印行了相當數量、不同種類的古書今釋語譯。遺憾的是，時代的變動太大，現實的條件也差，少數提倡者的陳義過高，拙於宣導，以及若干出版物的偏於學術界或知識份子的需要；這一切，都使得歷代經典的再生，和它的大衆化，離了題，觸了礁。

當我們著手於這項工作的時候，我們一方面感動於前人的努力，一方面也考慮了當前的需求，從過去疏漏了的若干問題開始，提出了我們這個中國古典知識大衆化的構想與做法。

我們的基本態度是：中國的古典知識，應該而且必須由全民所共享。它們不是知識份子的專利，也不是少數學人的獨寵，我們希望它能進入到大衆的生活裏去，也希望大衆都能參與到這一文化傳承的事業中來；何況，這些歷代相傳的經典，又有那麼多的平民色彩，那麼大的生活意義——說得更澈底些，這類經典，大部份還是平民大衆自身的創造與表現。大家怎麼能眼睜睜的放棄了這一古典寶藏的主權呢？

爲此，我們邀請的每一位編撰人，除了文筆的流暢生動外，同時希望他能擁有古典的與現代的知識，並且是長期居住或成長於國內的專家、學者，對當前現實有一適當的理解與同情。在這基礎上，歷代經典的重新編撰，方始具備了活潑明白、深入淺出、趣味化、生活化的蘊義。

也是爲此，我們首先爲這套書訂定了「青少年版」的名目。我們也曾考慮過一些其他的字眼，譬如「國民版」、「家庭版」等等，研擬再三，我們還是選擇了「

青少年版」。畢竟，這是一種文化紮根的事業，紮根當然是愈早愈好。在最有吸收力、閱讀力的年歲，在最能培養人生情趣和理想的時候，我們的青少年朋友就能與這些清澈的智慧、廣博的經驗爲友，接觸到千古不朽的思考和創造，而我們所謂的「中國古典知識大眾化」，才不會是一句口號。

這也意味了我們對編撰人寫作態度的懇盼，以及我們對社會羣體的邀請。但願透過這樣的方式，讓中國的知識、中國的創作，能夠回流反哺，回到每一個中國家庭裏，使每一位具有國中程度以上的中華子民，都喜愛它、閱讀它。

我們深深明白中國文化的豐美，它的包容與廣大。每一時代，每一情境，都有不同的創作與反省；它們或驚或嘆、或悲或喜，或溫柔敦厚、或鵬飛萬里，雖然形式多端、訴求有異，卻絲毫無損於它們的完美與貢獻。這也就確定了我們的選書原則：盡可能的多樣化與典範化。像四庫全書對佛典道藏的排斥，像歷代經籍對戲曲小說的貶抑，甚至多數人都忽略了的中國的科技知識、經濟探討、敦煌遺墨，都是我們所不願也不宜偏漏的。

就這樣，我們在時代意義的需求、歷史價值的肯定、多樣內容的考量下，從廿五萬三千餘册的古籍舊藏裏，歸納綜合，選擇了目前呈現在諸位面前的六十五部經典。這是我們開發中國古典知識能源的第一步，希望不久的將來，我們能繼續跨出第二步、第三步……

我們所以採用「經典」二字為這六十五部書的結集定名，一方面是——說文解字所解釋的，「經」是一種有條不紊的編織排列；廣韻所說的，「典」是一種法，一種規則。它們的交織運作，正可以系統的演繹了中國文化的風格面貌，給出我們日常行為的規範，生活的秩序，情感的條理。另一方面——也是採用了章太炎先生的說法：它們是「當代記述較多而常要翻閱的」一些書。我們相信，中國文化的恢宏壯麗，必須在這樣的襟懷中才能有所把握。

與這個信念相表裏，我們在這六十五部經典的編印上，不作分類也不予編號。這套經典對我們是一體同尊的，改寫以後也大都同樣親切可讀，我們企冀於提供的，是一套比較完備的古典知識。無論古代中國七略四部的編目，或現代西方科技分類的正名，都易扭曲了它們的形象，阻礙了可能的欣賞，這就大大違反我們出版這套書的諦旨了。

但在另一重意義上，我們却分別為舊典賦予了新的書名，用現代的語言烘托原書的精神，增進讀者對它的親和力；當然，這也意味了它是一種新的解釋，是我們以現代的編撰形式和生活現實來再認的古典。

也是在這種實質的，閱讀的要求下，我們不得不對原書有所去取，有所融滙與變通。譬如，原典最大的「資治通鑑」，將近三百卷的皇皇巨著，本身就是一個雄偉的書中帝國，一般大衆實難輕易的一窺堂奧。新版的「帝王的鏡子」做了提玄勾要的梳理，形式也類同袁樞「通鑑紀事本末」的體裁，把它作了故事性的改寫，雖然字數濃縮了，却在不失原典題旨的照顧下，提供了一份非專業的認知。其他的部份經典，也有類似的寫法。這方面，歐美出版界倒有不少可供我們借鑑的例子。遠的不談，就以湯恩比的「歷史研究」來說，前六册出版了未及十年，桑馬威爾就爲它作了濃縮至六分之一的大衆節本，暢銷一時，並曾獲得湯氏本人的大大讚賞。我們的作法雖不必盡同，但精神却是一致的。

再如原書最少的老子「道德經」，這部被美國學者蒲克明肯定爲未來大同世界家喻戶曉的一部書，短短五千言，我們却相對的擴充、闡釋，完成了十來萬字的「生命的大智慧」。又如「左傳」、「史記」、「戰國策」等書，原有若干重疊的記述，經過編撰人的相互研討，各有删節，避免了雷同繁複。……由於歷代經典的繽紛多彩，體裁富麗，筆路萬殊，各編撰人曾有過集體的討論，也有過個別的協調，分別作成了若干不同的體例原則，交互運用，以便充分發皇原典精神，又能照顧現實需要，爲廣大讀者打出一把把邁入經典大門的鑰匙。

無論如何，重新編寫後的這套書，畢竟仍是每一位編撰者的心血結晶，知識成果。我們明白，經典的解釋原有各種不同的學說流派，在重新編寫的過程裏，每一位編撰者的參酌採用，個人發揮我都寄寓了最高的尊重。

除了經典的編撰改寫以外，我們同時蒐集了各種有關的文物圖片千餘幀，分別編入各書。在這些「文物選粹」中，也許更容易讓我們一目了然的感知到中國：那樣樸素生動的陶的文化，剛健恢宏的銅的文化，溫潤高潔的玉的文化，細緻優美的瓷的文化；那些刻寫在竹簡、絲帛上的歷史，那些遺落在荒山、野地裏的器物；那些意隨筆動的書法，那文章，那繪畫……正如浩瀚的中國歷代經典一般，那一樣不足以驚天地而泣鬼神？那一樣不是先民們偉大想像與勤懇工作的結晶？看起來，它們是一幅幅獨立存在的作品，一件件各自完整的文物，然而它們每一樣都代表了中國，都煥發出中國文化緜延不盡的特質。它們也和這些經典的作者一樣，是彼此相屬、相生、相成的。

這套書，分別附上了原典或原典精華，不只是强調原典的不可或廢，更在於牽引有心的讀者，循序漸進，自淺而深。但願我們的青少年，在舉一反三、觸類旁通之餘，更能一層層走向原典，去作更高深的研究，締造更豐沛的成果；上下古今，縱橫萬里，為中國文化傳香火於天下。

是的，我們衷心希望，這套「中國歷代經典寶庫」青少年版的編印，將是一扇現代人開向古典的窗；是一聲歷史投給現代的呼喚；是一種關切與擁抱中國的開始；它也將是一盞盞文化的燈火，在漫漫書海中，照出一條知識的，遠航的路——

也許，若干年後，今天這套書的讀者裏，也有人走入這一偉大的文化殿堂，與先聖先賢並肩論道，弦歌不輟，永世長青的開啓著、建構著未來無數個世代的中國心靈！

歷史在期待。

（民國六十九年歲末於臺灣臺北）

附記：雖然，編輯部同仁曾盡了最大的力氣，但我們知道，這套書必然仍有不少缺點，不少無可避免的偏差或遺誤。我們十分樂意各界人士對它的批評、指正，這不僅是未來修訂時的參考，也將是我們下一步出版經典叢書的依據。

【開卷】叢書古典系列

中國歷代經典寶庫　孟子

編 撰 者—林鎮國
校　　對—林鎮國・李滙美・張守雲
董 事 長
發 行 人—孫思照
總 經 理—莫昭平
總 編 輯—林馨琴
出 版 者—時報文化出版企業股份有限公司
10803台北市和平西路三段240號三樓
發行專線—(02)2306-6842
讀者服務專線—0800-231-705・(02)2304-7103
讀者服務傳眞—(02)2304-6858
郵撥—19344724時報文化出版公司
信箱—台北郵政79～99信箱
時報悅讀網—http://www.readingtimes.com.tw
電子郵件信箱—liter@readingtimes.com.tw

印　　刷—偉聖印刷股份有限公司
袖珍本50開初版—一九八七年元月十五日
三版八刷—二〇一一年 五月五日
袖珍本59種65冊
定價新台幣單冊100元・全套6500元

⊙行政院新聞局局版北市業字第八〇號
版權所有　翻印必究
(缺頁或破損的書，請寄回更換)
ISBN 957-13-1237-1

國立中央圖書館出版品預行編目資料

孟子 ：儒者的良心 / 林鎮國編撰. --二版. --
臺北市 ：時報文化, 1994[民83]
面； 公分. -- (開卷叢書, 古典系列)(中國歷代經典寶庫；2)
ISBN 957-13-1237-1(50K平裝)

1.(周)孟軻－學術思想－哲學

121.26 83006191